골프규칙을 알면
골프가 **쉽다**

[개정판] **골프규칙을 알면 골프가 쉽다**
최신 골프규칙 완전 정복 300+

초 판 1쇄 발행 | 2021년 11월 22일
초 판 2쇄 발행 | 2022년 2월 14일
개정판 1쇄 발행 | 2024년 4월 12일

지은이 | 최진하 · 조정이
그린이 | 조이
발행인 | 부성옥
발행처 | 도서출판 오름
등록번호 | 제2015-000047호 (1993. 5. 11)

주 소 | 서울특별시 중구 필동로 19 삼가빌딩 4층
전 화 | (02) 585-9123 / 팩 스 | (02) 584-7952
E-mail | oruem9123@naver.com
ISBN 978-89-7778-527-4 13690

* 값은 뒤표지에 있습니다.

최신 골프규칙 완전정복 300+

골프규칙을 알면 골프가 쉽다

최진하 전 KLPGA 경기위원장 · **조정이** KLPGA 치프 레프리 **지음**
조이 그림

《골프규칙을 알면 골프가 쉽다》 개정판을 펴내며

골프규칙이 2019년에 대대적으로 개정된 지 4년 만인 2023년에 소폭으로 개정되었다. 특히 '장애를 가진 플레이어를 위한 수정' 규칙이 플레이 규칙 25조로 편입되면서 2023년 골프규칙은 모든 플레이어들을 포용하게 되었다. 또한 2023년 골프규칙에서는 남녀를 구분하는 단어(She 또는 He) 대신에 중성적인 단어(They)를 사용하여 소위 '정치적 올바름'도 갖추게 되었다.

골프규칙은 끊임없이 진화해오고 있다. 2016년까지 4년 주기의 정기적 개정(4년마다 규칙집 발간), 2년 주기의 중간 개정 형식(2년마다 재정집 발간)으로 개정되어 오던 골프규칙은 2019년부터는 4년 주기의 정기 개정은 유지된 반면에 2년 주기의 중간 개정은 폐지(재정집 폐간)되었다. 폐지된 중간 개정은 분기별로 발표되는 '설명(Clarifications)' 형식으로 대체되었다. 골프규칙은 3개월마다 소폭이나마 개정되고 있는바, 이제 골프규칙은 필요하다면 수시로 바뀔 수 있게 된 셈이다.

이처럼 수시로 바뀌는 골프규칙에 뒤처지지 않도록 이 책도 2023년에 개정된 골프규칙을 반영하여 개정판을 발간하게 되었다. 이 책은 골프를 치면서 부딪힐 수 있는 규칙상황들을 모아서 그림을 곁들여 설명해 놓고 있어서 누구나 쉽게 골프규칙을 이해할 수 있다. 앞으로도 이 책은 골프규칙의 끊임없는 진화 과정에 보조를 맞추면서 계속 보완하면서 주기적으로 개정판을 발간하고자 한다.

박사과정을 입학한 지 10년 안에 마무리하고자 KLPGA 투어의 경기위원장직을 사임하고 박사논문을 작성하느라 이 책의 개정작업이 늦어졌다. 독자 여러분께 송구함을 이 책의 내용을 철저하게 보완하고 점검하면서 조금이나마 달랠 수 있었다. 독자 여러분의 넓은 양해를 구한다.

　　출판계 상황이 어려움에도 불구하고 개정판 출간 결정을 해주신 도서출판 오름의 부성옥 선배님께 깊이 감사드린다. 40여 년 이상 인연을 이어오면서 보여주신 한결같은 성원과 배려에 무한한 존경의 마음을 전한다. 열성적으로 개정판 출간작업을 진행해주신 천명애 편집장님께도 감사드린다. 2019년 이래로 이 책의 그림을 맡아 수고해준 일러스트레이터 조이 선생과도 라운드를 하면서 앞으로의 동행도 부탁드렸다. 이 책을 읽는 많은 골퍼들이 규칙에 따라 골프의 즐거움을 만끽하면서 즐겁게 라운드를 했으면 하는 바람이 점점 더 커진다.

2024년 3월
저자를 대표하여 최진하

차례

10 벙커와 관련된 상황

11 페널티 없는 구제와 관련된 상황

12 페널티구역과 관련된 상황

별첨

* 차례의 각 항목은 해당 페이지의 질문내용을 요약해서 구성한 것으로 해당
페이지의 질문내용과 동일하지 않을 수 있습니다.

01

워밍업

골프는 어떻게 진화되어 왔는가?

골프는 스코틀랜드 목동들의 놀이에서 태동했다고 전해진다. 양치기 소년이 둥근 돌 한 개를 양치기 지팡이로 때려서 토끼 굴속으로 집어넣는 게임에서 골프가 유래했다는 설이 있는데 풍부한 상상력이다. 설왕설래에도 불구하고 골프의 고향이 스코틀랜드라는 사실은 부인하기 어렵다. 스코틀랜드에서는 1457년에 골프 금지령이 내려질 정도였다. 교회도 안 가고, 활쏘기 훈련에도 소홀해진다는 이유에서였다. 그만큼 골프는 인기가 많았다.

자고로 골프는 최소한 600년 이상 부단한 진화 과정을 겪어 왔다. 골프는 스코틀랜드에서 영국 전역으로 퍼져 나갔다. 영국에서 미국, 호주 등지로 전파되었다. 한국에도 1900년대 초에 상륙하였다. 제2차 세계대전이 끝난 후 세계 경제의 중심이 미국으로 이동하면서 골프의 중심도 미국으로 옮겨 갔다. TV로 골프 경기가 중계되기 시작하면서 골프의 인기는 전세계적으로 높아가고 있는 중이다. PGA에서는 우승 상금 100만 달러 이상의 대회가 보편화되었고, 2020년 US여자오픈 골프대회의 우승 상금이 100만 달러였다.

세월의 변화 속에서 변하지 않는 것들도 생겨나고 있다. 108밀리미터인 홀의 직경은 108가지 번뇌와 묘하게 연결되는

듯하다. 18개의 홀로 조성된 골프코스가 표준화되기까지 우여곡절이 있었다. 세인트 앤드루스의 올드 코스는 한때는 22홀이 한 라운드였었다. 18홀을 도는 한 라운드가 정착된 것은 순전히 역사의 우연이다. 휴대할 수 있는 무기(클럽)도 20개 이상으로 늘어난 적도 있었다. 우연히 14개로 한정된 후 현재까지 변함이 없다. 108밀리미터의 홀 직경, 18개의 홀, 14개의 클럽 한도 등 세 개의 숫자들은 현재까지 골프규칙이 대대적으로 개정되는 와중에서 살아남았다.

골프라는 게임은 600년 이상의 역사를 자랑하고 있다. 게임을 스포츠로 만드는 데 결정적인 역할을 하는 요소가 바로 규칙이다. 2019년의 골프규칙에서 골프라는 게임은 티잉구역에서 클럽으로 볼을 스트로크하여 홀아웃하는 게임을 18번(또는 그 이하) 하며 라운드를 플레이하는 스포츠(2023 골프규칙 1조 1항)로 정의되고 있다.

골프규칙은 무엇으로
이루어져 있는가?

플레이 규칙(25조) 및 용어의 정의

로컬룰(Local Rules)

☞ 골프규칙의 구성

- 골프규칙은 1)25개 조의 플레이 규칙, 2)74개 용어의 정의, 3)로컬룰로 이루어져 있다(규칙 1.3a).
  - 골프규칙은 4년마다 개정된다. 그러나 "추가 설명(Additional Clarifications)"의 형식으로 3개월마다 부분적으로 개정되고 있다.
- 골프경기(Competitions)에 참가하는 플레이어가 준수해야 할 그 밖의 규정
  - 경기조건(Terms of the Competition)
  - 장비규칙(The Equipment Rules)
  - 골프규칙에 관한 공식 가이드(Official Guide to the Rules of Golf)의 위원회 절차(Committee Procedures)

플레이 규칙의
구성인자(Template)는 무엇인가?

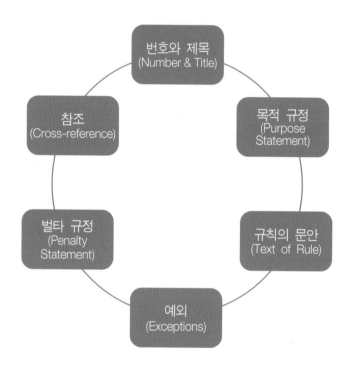

* 모든 규칙은 일반적으로 6개의 구성인자로 구성되어 있다.

에티켓이란 무엇인가?

☞ 에티켓이란 모든 플레이어가 골프의 정신에 따라 지켜야 하는 행동으로 3가지 영역에 걸쳐 있음을 규칙(1.2)에 명시하고 있다.

• 제1영역: 성실하게 행동하라

– 규칙을 따르고, 모든 페널티를 적용하며 정직하게 플레이하라.

• 제2영역: 타인을 배려하라

– 신속한 속도로 플레이하며, 타인의 안전을 살피며, 타인의 플레이에 방해가 되지 않도록 하라.

• 제3영역: 코스를 보호하라

– 디봇 정리, 벙커 정리, 볼 자국을 수리하며 코스에 손상을 입히지 마라.

* 위원회는 골프의 정신에 어긋나는 매우 부당한 행동을 하면 플레이어를 실격시킬 수 있으며, 플레이어의 행동에 관한 기준을 행동수칙(Code of Conduct)으로 정하고 그것을 로컬룰로 채택하여 1벌타, 2벌타 또는 실격의 페널티를 부과할 수 있다.

골프규칙이 유지되는
절대적 전제조건은 무엇인가?

☞ '모든 플레이어들은 정직하다'

– 골프는 모든 플레이어들이 스스로 심판이 되어 진행되는 게임이다. 그러므로 모든 플레이어들이 정직하지 않으면 골프규칙은 유지될 수 없고, 따라서 골프경기도 성립할 수 없다.

* 2023 규칙은 이러한 전제조건을 플레이어가 볼을 확인하고자 할 때 볼 위치를 마크만 하고 다른 플레이어에게 통보하거나 다른 플레이어의 입회 없이도 스스로 처리토록 단순화하면서 명문화하고 있다.

골프경기의
3대 원칙은 무엇인가?

☞ 골프경기의 3대 원칙

- 제1원칙 (규칙 1.1, 규칙 8조)
  - 코스는 그 상태 그대로 플레이하라.

- 제2원칙 (규칙 1.1, 규칙 9조)
  - 볼은 놓여 있는 그대로 플레이하라.

- 제3원칙 (규칙 1.3)
  - 코스 위에서 그 상태 그대로, 볼을 놓여 있는 그대로 플레이할 수 없는 경우에는 규칙에 정해진 그대로 플레이하라.

골프규칙이나 페널티는
어떻게 적용되는가?

☞ 플레이어의 책임[규칙 1.3b(1)]
- 플레이어는 스스로 규칙을 적용해야 할 책임이 있다.
- 규칙을 위반할 경우 스스로 그 페널티를 정직하게 적용함.

☞ 페널티를 받게 되는 행동[규칙 1.3c(1)]
- 플레이어의 규칙 위반 행동
- 플레이어의 캐디가 하는 규칙 위반 행동
- 다른 사람이 플레이어의 요청이나 위임에 의해서 규칙에 위반된 행동을 한 경우
- 다른 사람이 플레이어의 장비나 볼과 관련한 규칙위반 행동을 하는 것을 보고도 플레이어가 제지하지 않거나 제지하려는 합리적인 조치를 취하지 않은 경우

☞ 페널티의 3단계[규칙 1.3c(2)]
- 1벌타: 규칙 위반으로 얻는 잠재적인 이익이 사소한 경우
- 일반 페널티(매치플레이: 홀 패, 스트로크플레이: 2벌타)
- 실격: 매우 부당한 행동을 하였거나 스코어 오기 등 지나치게 큰 잠재적인 이익을 얻은 경우

워밍업

08

골프코스는
어떻게 구성되어 있는가?

1. 티잉구역
2. 페널티구역
3. 벙커
4. 퍼팅그린

* 일반구역은 4개의
  특수구역을 제외한
  전 지역

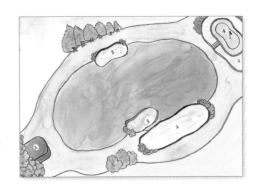

☞ 코스

  - 플레이가 이루어지는 장소

  - 안(In Bounds)과 밖(Out of Bounds)으로 구분

  - 안과 밖의 경계: OB말뚝 등으로 표시

☞ 코스의 구성(규칙 2.2)

  - 5개의 구성 요소

  - 일반구역과 특수구역(4개)

  - 일반구역: 특수구역을 제외한 전 지역

  - 특수구역 4개: 티잉구역, 페널티구역, 벙커, 퍼팅그린

코스의 서열관계란 무엇인가?

☞ 코스는 다섯 개의 구역
   (Areas)으로 이루어져
   있으며, 구역 사이에는
   서열(Hierarch)이 있다
   (규칙 2.2c).

   - 볼은 언제나 코스의
     한 구역 위에만 놓
     여 있다.
   - 구역마다 적용되는 규칙은 따로 있다.
   - 구역 간에 걸쳐 있는 볼은 서열에 따라 위치가 정해진다.
   - 일반구역과 특수구역의 서열은 특수구역이 높다.
   - 특수구역 간 서열은 페널티구역 〉 벙커 〉 퍼팅그린 순이다.
   → 볼이 놓여 있는 구역이 정해지면, 그 구역에 적용되는 규
     칙이 그 볼에 적용된다.
     (예: 퍼팅그린 위에 있는 볼 판정 → 퍼팅그린 규칙 적용)

* **퍼팅그린 위에 있는 볼의 처리**
   - 마크 후 집어 올려서 닦을 수 있다.
   - 루스임페디먼트를 제거하다 볼을 움직여도 페널티는 없다.
   - 우연히 볼을 움직여도 페널티는 없다.
   - 리플레이스할 볼은 교체할 수 없다.

골프에서 플레이 방식이 달라지면
적용규칙도 달라지는데, 매치 플레이와
일반적인 스트로크 플레이 방식의
주요한 차이점은 무엇인가?

	매치 플레이	스트로크 플레이
경쟁 방식	상대방과만 대결(1:1, 1:2, 1:3, 2:2)	참가자 모두가 경쟁자
경쟁자의 명칭	상대방	다른 플레이어
최대 참여자 수	일반적으로 64명(64강 – 32강 – 16강 – 8강 – 4강 – 결승)	156명 (예선 3인1조 52개조)
스코어 방식	홀별로 승패 결정	홀별 스코어 합산
우승자 결정 방법	녹다운 방식으로 우승자 (최후의 1인) 결정	최저타를 기록한 플레이어
홀아웃 여부	홀아웃 없이 승패 결정될 수 있음	반드시 홀아웃해야 함
컨시드 여부	스트로크, 홀, 매치를 컨시드 가능	컨시드 개념 자체가 없음
페널티의 단계	1벌타 – 홀 패 – 실격	1벌타 – 2벌타 – 실격
티잉구역 밖 플레이	페널티는 없으며 상대방이 다시 플레이하도록 요구할 수 있음	2벌타 받고 반드시 시정
잘못된 순서로 플레이	페널티는 없으며 상대방이 다시 플레이하도록 요구할 수 있음	페널티 없으며 있는 그대로 플레이
잘못된 볼 플레이	그 홀의 패	2벌타 받고 반드시 시정
잘못된 장소 플레이	그 홀의 패	2벌타(중대한 위반인 경우 반드시 시정)
두 개의 볼 플레이	불가	가능

● 2023년 개정된 주요 골프규칙 및 모델 로컬룰

1	장애를 가진 플레이어를 위한 수정된 특정한 골프규칙: 25조
2	라운드 동안에 손상된 클럽은 그 원인과 관계없이 사용할 수 있으며, 고의적인 손상을 제외하고 그 교체도 가능함: 4.1a(2)
3	드롭/플레이스/리플레이스한 후 정지한 볼이 자연의 힘(예: 바람, 경사)에 의하여 다른 구역이나 OB로 굴러간 경우에 그 볼은 반드시 리플레이스해야 함: 9.3 예외2
4	볼은 반드시 구제구역 또는 후방선상에 드롭해야 함: 14.3b(3)
5	스코어카드상에 핸디캡을 명시하거나 스코어를 합산할 책임은 플레이어가 아니라 위원회에 있음: 3.3b(4)
6	여러 개의 규칙을 위반하거나 동일한 규칙을 여러 번 위반한 것에 대한 판단 기준이 두 가지 개재 행위로 축소됨: 1.3c(4)
7	잘못 교체한 볼에 스트로크를 한 경우의 벌타가 일반 페널티에서 1벌타로 완화됨: 6.3b(3)
8	플레이 선 또는 그 밖의 방향 정보와 관련된 도움을 받고자 어떤 물체(예: 클럽)를 지면에 내려놓는 행동이 금지됨: 10.2b
9	퍼팅그린에서 플레이한 볼이 곤충이나 플레이어, 그 스트로크에 사용된 클럽을 맞힌 경우에 다시 플레이하는 것이 아니라 그 볼을 놓인 그대로 플레이함: 11.1b(2)
10	스트로크를 다시 할 것이 요구될 때 그 스트로크를 다시 하지 않더라도 실격의 벌은 받지 않음(일반 페널티 처리): 11.1b

2023년 개정된 주요 골프규칙 및 모델 로컬룰

11	스테이블포드에서 클럽, 출발 시각 등에 적용되는 페널티가 기본적 스트로크 플레이 방식과 동일하게 개정됨: 21.1c
12	후방선 구제시 구제구역은 후방선상에 드롭된 볼이 최초로 지면에 닿는 지점으로부터 어느 방향으로든 한 클럽 길이 이내의 구역으로 결정됨: 14.3b(3), 16.1c(2), 17.1d(2), 19.2b, 19.3 및 정의
13	허용되지 않는 외부 부착물(예: 클럽 페이스에 붙이는 스티커)을 스트로크를 하기 전에 그 클럽에서 제거하면 페널티는 없음: 4.1a(3) 예외
14	벙커 밖에 박힌 볼의 기준점이 바로 뒤 일반구역에 없는 경우, 일반구역에서 그 기준점이 좌우로 멀어질 수 있음: 설명 16.3b/1
15	볼을 찾는 시간이 끝나갈 때 발견한 볼을 확인하는 데 주어지는 최대 시간은 1분임: 설명 18.2a(1)/3
16	페널티구역에 볼이 있을 때, 움직일 수 없는 장해물로부터 구제를 허용함: 모델 로컬룰 F-24
17	한 가지 볼을 사용하는 규칙에 대한 위반의 벌타가 일반 페널티에서 1벌타로 완화됨: 모델 로컬룰 G-4
18	라운드 중에 손상된 클럽의 교체를 일반 규칙보다 엄격하게 규정함: 모델 로컬룰 G-9
19	배드타임을 스트로크플레이의 대회가 끝날 때까지 계속 유효하도록 명문화함: 모델 로컬룰 K-2
20	플레이어나 마커의 서명 없이 스코어카드를 제출했을 경우의 벌타를 실격에서 2벌타로 완화함: 모델 로컬룰 L-1

● 2023년 개정 규칙 중 반드시 알아야 할 규칙 15가지(USGA)

1	**볼을 찾는 중에 볼이 움직인 경우: 7.4** - 누구의 볼(자신의 볼 포함)이라도 찾는 중에 움직인 경우에, 페널티는 없지만 움직인 볼은 반드시 리플레이스해야 함
2	**퍼팅그린에서 움직인 볼** - 우연히 움직인 볼은 페널티 없이 리플레이스: 13.1d(1) - 마크하고 집어 올린 볼은 리플레이스한 후에 움직이더라도 그 원인(바람, 중력 포함)과 상관없이 언제나 리플레이스: 13.1d(2)
3	**퍼팅그린의 손상 수리: 13.1c(2)** - 퍼팅그린의 스파이크 자국, 동물에 의한 손상, 사람이나 볼에 의한 손상을 수리할 수 있음
4	플레이 선(퍼팅그린을 포함)을 접촉할 수 있음: 10.2b(1)(2)
5	홀에 꽂혀 있는 깃대를 맞추어도 페널티 없음: 13.2a
6	**벙커 안에서 금지된 행동의 완화** - 루스임페디먼트를 제거할 수 있음: 12.2a - 벙커에서 연습 스윙, 스트로크를 위한 백스윙을 하면서 모래를 접촉할 수 없음: 12.2b(1)
7	**페널티구역에서 허용되는 행동** - 루스임페디먼트를 제거할 수 있고, 클럽을 지면에 댈 수 있음 - 연습 스윙시에 지면이나 수면에 접촉할 수 있음: 17.1b
8	**구제구역의 설정 및 드롭하기: 14.3** - 무릎높이에서 볼을 드롭하여 구제구역 안에 정지해야 함 - 구제구역의 크기는 기준점에서 1 또는 2 클럽 길이 이내 - 측정하는 클럽은 퍼터를 제외한 가장 긴 클럽으로 함

2023년 개정 규칙 중 반드시 알아야 할 규칙 15가지(USGA)

9	**페널티구역에서의 구제** - 노란 페널티구역(2가지 방법), 빨간 페널티구역(3가지 방법) - 스트로크와 거리 구제, 후방선 구제, 측면 구제
10	**구제를 받을 경우에 볼을 교체할 수 있음** - 페널티 없는 구제 및 페널티 구제를 받을 경우에 볼을 교체할 수 있음
11	**움직이는 볼이 우연히 방향이 변경되거나 정지된 경우: 10.1a, 11.1** - 우연히 플레이어, 캐디, 장비 등을 맞히더라도 페널티 없음 - 한 번의 스트로크시 우연히 두 번 이상 맞히더라도 페널티 없음 - 볼은 원칙적으로 놓인 그대로 플레이해야 함
12	**볼 찾는 시간은 3분: 18.2a(1)**
13	**얼라인먼트에 도움받기: 10.2b(4)** - 캐디나 파트너는 얼라인먼트시 플레이 선 뒤(제한구역)에 서 있을 수 없음 - 스탠스를 풀고 물러난 뒤 다시 얼라인먼트하면 페널티 없음
14	**라운드 동안에 손상된 클럽의 교체 허용(남용은 제외): 4.1a(2)** - 모델 로컬룰 G-9(상당히 손상된 클럽의 교체를 제한하는 로컬룰)의 도입 여부를 확인해야 됨
15	**야디지 북에 대한 제한 규정** - 책자의 크기 제한(Size limit), 배율 제한(Scale limit), 플레이어나 캐디가 직접 써 넣은 정보에 대한 제한 사항 등 확인 필요

02

장비와 관련된 상황

장비란 무엇인가?

☞ 플레이어나 캐디가 사용·착용·휴대·운반하는 모든 것이다(용
   어의 정의: "장비").

 – 바나나: 루스임페디먼트이나 플레이어가 들고 있으면 장비
   (용어의 정의: 설명 "루스임페디먼트"/1)이다.

 – 고무래: 움직일 수 있는 장해물이나 캐디가 들고 있으면
   장비이다.

 – 우산: 플레이어가 들고 있으면 장비, 갤러리가 들고 있으면
   외부의 영향이다.

클럽과 볼은 어떤 것을
사용해야 하나?

☞ 스트로크를 할 때, 플레이어는 반드시 적합한 클럽 및 볼을
  사용해야 한다[규칙 4.1a(1) 및 규칙 4.2a(1)].

- 적합한 클럽과 볼 목록 확인처
  - R&A
    https://randa.org/en/RulesEquipment/Equipment
  - USGA
    https://usga.org/content/usga/home-page/equip
    ment-standards

부적합한 클럽들을
예를 든다면 어떤 것들인가?

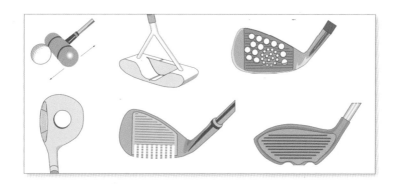

☞ 부적합한 클럽이란

　　– 장비규칙(R&A, USGA, The Equipment Rules)에서 규정

　　하고 있는 장비에 관한 요건과 장비의 적합성 규정에 맞지

　　않은 클럽이다(자료 출처: R&A/USGA, Equipment Rules,

　　Part 2-conformance of Clubs).

라운드 시 휴대할 수 있는 클럽의 개수에 제한이 있는가?

☞ 라운드 동안 최대한으로 휴대할 수 있는 클럽의 개수는 14개이다.

- 14개가 넘는 클럽을 가지고 라운드를 시작하거나 라운드 중에 14개가 넘는 클럽을 가지고 있어도 안 된다[규칙 4.1b(1)].
- 14개 미만의 클럽을 가지고 라운드를 시작한 경우, 한도인 14개에 이를 때까지 라운드 동안 클럽을 추가할 수 있다. 단, 플레이를 부당하게 지연시켜서는 안 된다.

15개의 클럽을 가지고 출발한 사실을 첫 티샷 후에 알게 되었다면 페널티는 어떻게 부과되는가?

☞ 위반을 인지한 시점에 따라 부과되는데, 위 상황에서는 첫 홀에 부과된다(규칙 4.1b).

- 매치플레이에서는 홀 패의 페널티가 아니라 매치 조정 페널티가 부과되어 라운드당 최대 2홀까지 차감하여 매치의 스코어를 조정한다. 위 상황에서는 첫 홀이 끝난 후 매치 스코어에서 한 홀을 차감한다.

- 스트로크플레이에서는 위반이 일어난 각 홀에 대하여 일반 페널티(2벌타)를 받으며, 라운드당 최대 4벌타를 받는다(규칙 4.1b). 위 상황에서는 첫 홀에 2벌타를 부과한다.

- 반드시 규칙 4.1c(1)에 따라 배제시킬 클럽을 분명하게 밝히는 조치를 위반을 인지한 시점에서 즉시 해야 한다(위반 시 실격).

미스 샷을 한 후에 화가 나서
클럽으로 나무를 내리쳐서 클럽을
손상시켰는데, 계속 사용할 수 있나?

☞ 손상 원인과 상관없이 그 라운드에서 계속 사용할 수 있다.

- 적합한 클럽이 라운드 동안 손상된 경우, 그 클럽을 수리
  하거나 다른 클럽으로 교체할 수 있다.
- 그러나 화가 나서 클럽을 손상시킨 경우에는 교체할 수 없
  다[규칙 4.1a(2)].
- 클럽을 교체하는 경우에는 반드시 규칙 4.1c(1)에 따라 그
  손상된 클럽을 즉시 플레이에서 배제시켜야 한다.
- 그러나 플레이어가 라운드 동안 플레이 성능을 고의로 변
  화시킨 클럽은 라운드 동안 손상된 클럽이 아니다.

라운드 전에 드라이버 헤드에 붙여 놓은
납 테이프가 8번 홀에서 티샷하는 도중에
떨어졌다면 다시 붙여서 사용할 수 있는가?

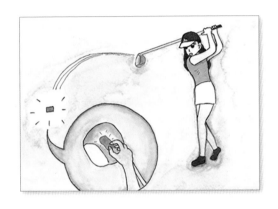

☞ 바로 같은 위치에 다시 붙여서 사용할 수 있다[R&A/USGA, 장비규칙, Part 2 1b(ii)].

- 라운드 전에 무게를 조절할 목적으로 클럽헤드나 샤프트에 납 테이프를 부착할 수 있다.
- 라운드 도중에 떨어져 나간 납 테이프를 바로 같은 위치에 도로 붙여 사용할 수 있다.
- 납 테이프가 같은 위치에 되붙지 않을 경우 새로운 테이프를 사용할 수도 있다.
- 납 테이프가 떨어져 나간 상태 그대로 그 라운드의 나머지 홀에서 사용할 수 있다.

이전 홀에 클럽을 놓고 와서
잃어버렸는데 다른 클럽으로
교체할 수 있는가?

☞ 출발 시 14개를 휴대한 경우에는 분실된 클럽을 교체할 수
　없다[규칙 4.1b(3)].

- 14개 클럽으로 라운드를 시작한 경우에는 잃어버린 클럽
없이 라운드를 계속해야 한다. 다만 다른 사람이 그 클럽
을 찾아주는 경우에는 계속 사용할 수 있다.

- 그러나 출발 시 14개 미만을 휴대한 경우에는 부당하게
플레이를 지연하지 않는다면 한도인 14개에 이를 때까지
추가할 수 있다.

- 잃어버린 클럽을 찾으러 퍼팅그린에서 티잉구역으로 되돌
아 간다면 플레이의 부당한 지연으로 간주되어 페널티를
받을 수 있다(설명 5.6a/1).

장비
09

다른 플레이어의 클럽을
무의식적으로 착각하여 사용하였는데
어떻게 처리하나?

☞ 일반 페널티 적용(매치 플레이에서는 매치 스코어 조정 페널티).
 – 위반이 일어난 각 홀에 대하여 2벌타, 라운드당 최대 4벌타.
 – 위반을 인지한 경우 반드시 규칙 4.1c(1)의 절차에 따라
  해당 클럽을 플레이에서 배제시키겠다고 선언함으로써 해
  당 클럽을 거꾸로 골프백에 넣거나 골프 카트 바닥에 놓아
  두거나 다른 사람에게 건네주는 등, 그 클럽을 즉시 플레
  이에서 배제해야 한다[규칙 4.1b(2)].

장비 10

다른 플레이어가 어떤 클럽을 사용하는지 알아보기 위해서 캐디백 위에 클럽을 덮고 있는 수건을 들추어 확인했다면 규칙위반인가?

☞ 일반 페널티 적용(규칙 10.2a).

– 다른 플레이어의 백에 접촉하지 않고 사용한 클럽을 알아 보려고 관찰하는 행동은 허용된다. 그러나 그 플레이어의 클럽이나 골프백을 만지며 접촉하는 행동을 해서는 안 된 다(용어의 정의: 설명 "어드바이스"/2).

* 규칙 10.2a: 다른 플레이어와 주고받을 경우에 어드바이스 가 될 만한 정보를 얻기 위하여 그 플레이어의 장비를 만져 서는 안 된다.

빨간색 볼을 사용하다가
하얀색 볼로 교체하여
플레이할 수 있나?

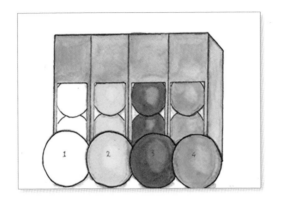

☞ 원볼룰이 로컬룰(G-4)로 도입되어 있지 않다면 가능하다.

- 플레이어는 적합한 볼로 스트로크해야 한다(규칙 4.2a).

- 라운드 중에 볼이 떨어지면 적합한 볼을 빌릴 수 있다.

- 티잉구역에서 플레이한 볼로 그 홀을 끝내야 한다. 그러나
 규칙에서 다른 볼로 교체가 허용되는 경우 또한 홀과 홀
 사이에서는 볼을 바꿀 수 있다(규칙 6.3a).

 → 원볼룰이 채택된 경우에는 라운드 내내 사용, 빌리거나
 교체할 때에도 동일한 상표와 모델의 볼만 사용해야 한다.

- 색깔이 다른 볼은 서로 다른 볼로 간주되어 원볼룰이 채택
 된 경기에서는 서로 교체 불가(위반시 1벌타).

장비 12

바람의 방향을 알아보기 위해
손수건을 꺼내어 허공에 들고
한동안 살펴보았다. 허용되는 경우인가?

☞ 허용되지 않는다.

- 코스에서 풍속을 측정한다든가, 풍향을 알아보기 위하여
  인공물인 파우더 등을 사용할 수 없다[규칙 4.3a(2)].
- 바람이 어느 방향으로 부는지를 살펴보기 위하여 리본이나
  손수건을 사용하는 경우도 인공물을 사용하는 것이다.
- 첫 번째 위반: 일반 페널티, 두 번째 위반: 실격.

플레이 중에
오디오·비디오를 들어도 되는가?

☞ 들을 수 있다[규칙 4.3a(4)].

- 플레이 중인 경기와 무관한 오디오/비디오를 듣거나 보는
  경우(예: 뉴스, 배경음악…)는 허용된다.
- 그러나 주변의 산만함에서 벗어나거나 스윙 템포를 유지하
  기 위하여 음악이나 오디오를 듣는 경우는 허용되지 않는다.
- 에티켓에 어긋나는 행동(예: 다른 플레이어의 플레이에 방
  해…)일 수 있다.

얼라인먼트 스틱을 스트로크를
준비하거나 스탠스 자세를 잡는 데
도움이 되도록 사용해도 되는가?

☞ 사용할 수 없다[규칙 4.3a(6)].

- 첫 번째 위반: 일반 페널티 적용(2벌타).
- 첫 번째 위반과 관련없는 두 번째 위반: 실격.

플레이 선을 나타내기 위해 퍼팅그린 안팎에 물병을 놓을 수 있는가?

☞ 지면에 내려놓을 수 없다.

- 퍼팅그린 안팎에 어떤 물체를 놓아두어 플레이어의 플레이 선을 나타내도록 해서는 안 된다. 스트로크하기 전에 제거하더라도 페널티를 면할 수 없다[규칙 10.2b(1)].

- 목표지점을 조준하거나 스탠스를 취하거나 스윙하는 것과 관련된 도움을 받기 위하여 물체를 지면에 내려놓아서는 안 된다.

- 플레이어는 자신의 스윙과 관련된 도움을 받기 위하여 모래나 이슬에 어떤 표시를 해서는 안 된다[규칙 10.2b(3)].

생수가 담긴 병을
퍼팅그린 면에 내려놓고
경사를 측정할 수 있는가?

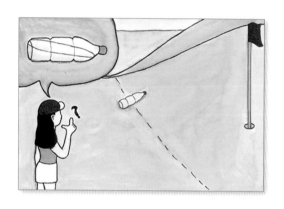

☞ **측정할 수 없다[설명 4.3(1)/1].**

- 경사를 측정하기 위하여 생수나 음료수가 담긴 병을 내려
  놓고 수평 기준선으로 삼거나 수평 측량기를 들고 있거나
  내려놓거나, 추가 달린 줄을 수직 기준선으로 사용하는 것
  은 허용되지 않는다.

- 자신의 클럽을 수직 기준선으로 사용하여 지면의 경사나
  굴곡을 파악하거나 판단할 수는 있다.

장비 17

플레이어의 발이나 몸으로
방향을 잡는 데 도움이 되도록
클럽을 지면에 내려 놓고
스탠스를 취해도 되는가?

☞ 놓는 순간 일반 페널티를 받는다.

- 플레이어가 스탠스에서 물러나거나 그 물체를 치우더라도
  페널티를 면할 수 없다.

* 규칙 10.2b(3): '어떤 물체를 지면에 내려놓는다'는 것은
그 물체는 지면에 닿아 있고 플레이어는 그 물체와 접촉하고
있지 않은 상태를 의미한다.

장비 18 거리측정기(DMD)는 사용할 수 있나?

☞ 로컬룰로 금지되지 않는 한 사용할 수 있다[규칙 4.3a(1)].

- 사용이 허용되는 경우에도 단순히 거리 측정만 가능하며, 고도변화의 측정은 허용되지 않는다.

* 모델 로컬룰 G-5: 라운드 동안 플레이어는 전자식 거리측정기를 사용하여 거리에 관한 정보를 얻어서는 안 된다.

야디지 북을 사용하는 데
제한 사항은 언제 적용되는가?

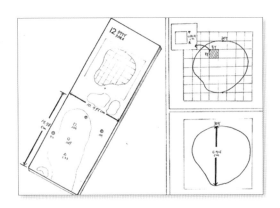

☞ 퍼팅그린 위에서 하는 모든 스트로크의 플레이 선을 읽는 데 사용하는 경우에 적용된다(설명 4.3a/1).

- 야디지 북이나 그린 북을 사용할 때의 제한 사항
  - 책자의 크기 제한(Size limit): 4와 1/4인치(10.79센티미터) × 7인치(17.78센티미터)
  - 배율의 제한(Scale limit): 1센티미터 : 480센티미터(3/8인치 : 5야드)
  - 직접 쓴 정보에 대한 제한: 플레이어와 캐디에 의해 직접 쓴 정보만을 활용할 수 있다.

    → 위반 페널티: 첫 번째 위반은 일반 페널티 적용, 두 번째 위반은 실격 처리.

03

티잉구역과
관련된 상황

티잉구역은 어떻게 규정되는가?

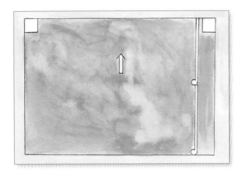

☞ 티잉구역은 두 개의 티마커를 사용하여 표시되며 두 클럽 길이의 깊이를 가진 직사각형 구역이다.

- 앞쪽 경계는 두 개의 티마커의 맨 앞부분의 점들을 이은 선으로 규정된다(돌출 부분이 있을 경우에는 낙수선 개념이 적용됨).
- 좌우 경계는 두 개의 티마커 바깥쪽 점들로부터 후방으로 두 클럽 길이로 규정된다(클럽 길이는 플레이어가 소지한 클럽 중 가장 긴 클럽으로 측정하며, 플레이어마다 티잉구역 크기가 다를 수 있다).
- 뒷면 경계는 앞쪽 경계에서 두 클럽 길이 끝을 이은 선으로 규정된다(용어의 정의: "티잉구역").

티잉구역은
어떠한 의미를 가지고 있는가?

☞ 티잉구역의 의미

- 홀 플레이를 시작할 때 반드시 플레이해야 하는 출발장소이다.

- 코스를 이루고 있는 5가지 구역 중 가장 협소하며, 라운드 당 최대한 18번 방문해야 하는 장소이다.

- 코스상의 다른 모든 티잉 장소(같은 홀에 있든 다른 홀에 있든)는 일반구역의 일부이다.

- 두 개의 티마커를 사용하여 각 홀의 티잉구역을 규정한다.
  - 6~7야드 넓이로 설정된다.
    (너무 넓으면 볼을 티잉구역 밖에서 플레이할 확률이 높아진다).
  - 플레이할 각 홀의 길이는 티마커를 설치하면 결정되며, 18홀 모두 설치되면 전체 코스의 길이가 결정되는 것이다.
  - 플레이어 각자의 플레이 수준에 맞는 티잉구역에서 플레이하는 것이 중요(여자프로경기: 6300~7000야드 내외)하다.

티마커를 움직이거나 제거하였는데 어떻게 처리해야 하나?

☞ 플레이어가 티마커를 움직인 이유에 따라서 페널티가 다르게 적용된다.

- 코스 셋업에 불만을 갖고 티마커를 이동시킨 경우에는 실격[설명 6.2b(4)/1]이 가능하다.
- 티마커를 움직여 스윙구역 등을 개선한 경우에는 일반 페널티를 받는다.
- 만일 플레이하기 전에 다시 제자리에 가져다 놓는다면 페널티를 받지 않는다.

* 티마커는 스트로크 하기 전에는 고정물이며 움직여서는 안 되지만 스트로크를 한 후 볼이 티잉구역에 있지 않다면 움직일 수 있는 장해물이 되기 때문에 움직일 수 있다[규칙 6.2b(4)].

티잉구역 안에
볼 전체가 놓여 있어야만 하나?

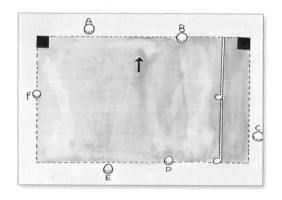

☞ 볼의 일부라도 티잉구역에 닿아 있거나 티잉구역 위에 있으면
된다.

- 티잉구역 기준선(위 그림에서 점선)에 걸쳐 있으면 티잉구
역 안에 있는 볼(볼B, D, F)이다. 볼A, C, E는 티잉구역
밖에 놓여 있는 볼이다[규칙 6.2b(1)].

- 볼의 일부가 일반구역과 티잉구역에 걸쳐있는 경우에는 그
볼은 티잉구역에 놓인 볼로 간주된다(규칙 2.2c).

출발시간에 3분 늦게
볼과 퍼터만 가지고 도착했을 경우
어떻게 처리해야 하나?

☞ 일반 페널티 적용.

- 플레이어는 정해진 출발시간에 플레이할 수 있도록 준비되
  어 정확한 시간에 플레이해야 한다. 그렇지 않은 경우에는
  경기 실격의 페널티를 받는다. 그러나 출발시간 5분 이내
  에 즉시 플레이할 수 있는 상태(플레이할 수 있는 볼과 휴
  대한 1개의 클럽이 퍼터일지라도)로 도착한다면 경기 실격
  의 벌은 받지 않으며 일반 페널티(2벌타)를 받는다. 이때
  플레이어는 자신의 순서일 때 바로 플레이해야 하며 나머
  지 클럽이 도착하기를 기다릴 수는 없다. 만일 그렇게 한다
  면 부당한 지연으로 페널티를 받을 수 있다(설명 5.3a/3).

티잉구역 밖에서 볼을 플레이했다면
어떻게 처리해야 하나?

☞ 스트로크 플레이 경우에는 2벌타를 받고, 반드시 티잉구역 안에
서 다시 플레이해야 하며, 매치 플레이 경우에는 페널티는 없으
나 상대방은 그 샷을 취소하고 다시 플레이하도록 요구할 수 있
다.

- 위 그림에서 플레이어가 마이크를 티마커로 착각하여 티잉
구역 밖에 볼을 놓고 플레이한 경우이다(도그레그 홀이나
짧은 파4홀에서 1 On 시도할 경우에 발생 가능하다).
- 스트로크 플레이 경우에는 다른 홀 티샷하기 전이나 마지
막 홀인 경우에는 스코어 카드 제출 전에 티잉구역 안에
서 플레이함으로써 그 잘못을 반드시 시정해야 한다[규칙
6.1b(2)].

티잉구역 밖에서 플레이한 티샷이 OB가 되었는데, 어떻게 처리해야 하나?

☞ **스트로크 플레이**: 2벌타를 받고 티잉구역 안에서 다시 플레이해 야 한다[규칙 6.1b(2)].

- 티잉구역 밖에서 플레이한 볼은 인플레이볼이 아니며 그 볼이 OB가 된 것은 상관이 없다.
- 티잉구역 밖에서 한 스트로크와 그 잘못을 바로잡기 전에 한 모든 타수는 타수에 포함되지 않는다.

☞ **매치 플레이**: 상대방은 그 스트로크를 취소할 수 있다.

- 취소하지 않는다면 그 볼은 OB가 된다.
- 스트로크와 거리의 구제를 받아 그곳에서 다시 플레이해야 하는데, 티잉구역 밖에서 플레이하였기 때문에 티업해서 플레이할 수 없다[설명 6.1b(1)/1].

티잉구역 08

실수로 볼을 티잉구역 밖에 티업했는데
플레이하기 전에 다른 플레이어가 알려주었다.
이 경우에 어드바이스를 제공한 것인가?

☞ 어드바이스를 제공한 것이 아니며, 어느 플레이어에게도 페널티
  는 없다.

　- 규칙에 관한 정보, 코스 상의 위치, 거리 등에 관한 정보를
　　알려주더라도 어드바이스에 해당되지 않는다(용어의 정의:
　　"어드바이스").

　* 어드바이스: 홀이나 라운드를 플레이하는 동안에 클럽 선
　　택, 스트로크하는 방법, 플레이하는 방법 등을 결정하는 데
　　영향을 줄 의도로 하는 말이나 행동을 말한다.

2번 홀에서 홀아웃한 후에
홀을 착각하여 5번 홀에서 티샷을 했는데
어떻게 시정해야 하나?

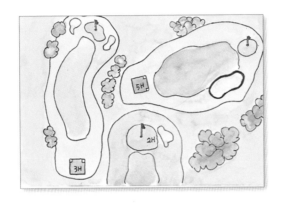

☞ 티잉구역 밖에서 플레이한 것과 동일하게 처리하면 된다[규칙
   6.1b(2)].

- 다른 홀을 시작하기 위한 스트로크를 하기 전에 반드시
  3번 홀에서 티샷하여 그 잘못을 시정해야 하며 3번 홀에
  2벌타를 받게 된다.
- 그 잘못을 바로잡기 전에 그 볼을 플레이한 모든 스트로크
  와 페널티는 타수에 포함되지 않는다[규칙 6.1b(2)].

플레이어는 티잉구역에서
플레이할 때 티잉구역 밖에 서서
플레이할 수 있는가?

☞ 볼이 티잉구역 안에 놓여 있다면 상관없다.

　- 플레이어가 티잉구역에 있는 볼을 스트로크할 때 그 티잉
　구역 밖에 설 수 있다[규칙 6.2b(1)].

　- 스탠스를 취하는데 방향지시물로 티마커를 활용할 수 있다.

　- 볼의 탄도나 방향을 조절하기 위하여 티마커를 활용하여
　클럽헤드의 궤적을 일정하게 유지할 수 있다.

티잉구역
11

티업할 때
아무 티나 사용해도 되는가?

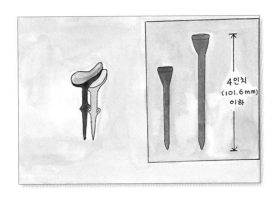

☞ 티는 반드시 길이가 4인치(101.6밀리미터) 이하여야 하고 장비 규칙에 적합한 것이어야 한다.

- 위반의 벌: 첫 위반은 일반 페널티, 두 번째 위반은 실격 [규칙 6.2b(2)].

- 플레이 선을 가리키도록 디자인되거나 제조되면 안 된다.

- 볼의 움직임에 부당하게 영향을 미쳐서는 안 된다.

- 스트로크하는 데 도움이 되어서는 안 된다.

* 티(Tee): 티잉구역에서 볼을 지면 위에 올려놓는 데 사용하는 물체를 말한다(용어의 정의: "티").

티잉구역 안에서
볼을 플레이하는 방법은?

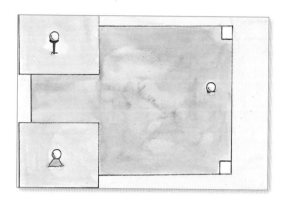

☞ 티를 지면에 꽂거나 그대로 놓아 두고 그 위에 볼을 올려 놓거나
  티 없이 볼만 지면에 내려 놓고 플레이할 수 있다.

  - 지면을 북돋아 놓거나 모래를 소복하게 쌓아 놓고 그 위에
    볼을 올려서도 티업이 가능하다[규칙 6.2b(2)]. "지면"에는
    티나 볼을 올려 놓기 위하여 소복하게 모아둔 모래나 그
    밖의 자연물이 포함된다.

  - 던지거나 스핀을 주며 드롭하여 플레이할 수도 있다.

티잉구역에서 얼라인먼트 정렬 시에
캐디가 뒤에 서서 도와주어도 되는가?

☞ 플레이어가 스탠스를 취하기 시작했을 때 그렇게 했다면 일반
페널티를 받는다.

- 스트로크를 위한 스탠스를 취하기 시작하여 그 스트로크를
마칠 때까지 캐디는 플레이어의 볼 후방으로의 연장선이나
그 선 가까이에 서 있어서는 안 된다.

- 캐디가 그러한 위치(제한구역)에 서 있는 상태에서 스탠스
를 취했더라도 플레이어가 그 스탠스에서 물러나고 캐디가
뒤에 서있지 않은 상태에서 다시 스탠스를 취한다면 페널
티를 면할 수 있다[규칙 10.2b(4)].

티잉구역 14

티잉구역에서 볼을 플레이하는 순서는 어떻게 결정하나?

☞ 첫 번째 티잉구역에서의 오너는 위원회가 정한 조편성이나 임의의 방법으로 정하며 그 밖의 홀들에서는 직전의 홀에서 가장 낮은 타수의 플레이어가 먼저 플레이한다.

 - 티잉구역에서 프로비저널볼을 플레이해야 하는 경우에는 같은 조의 다른 모든 플레이어가 플레이한 후에 가능하며, 둘 이상이 프로비저널볼을 플레이해야 하는 경우는 원래의 볼을 플레이한 순서와 같다(규칙 6.4c).

* 오너(Honour): 티잉구역에서 첫 번째로 플레이할 권리를 말한다(용어의 정의: "오너").

티잉구역 15

플레이 순서를 바꾸어서 플레이했다면 올바른 순서로 다시 플레이해야 하나?

☞ <u>스트로크 플레이</u>: 페널티는 없으나, 다시 플레이할 수 없다.

- 만일 다시 플레이한다면 그 볼이 스트로크와 거리의 벌을 받은 인플레이볼이 된다.
- 둘 이상의 플레이어들이 누군가에게 이익을 주기 위해서 순서를 바꾸어 플레이하기로 합의한 경우에는 일반 페널티를 받는다[규칙 6.4b(1)].

☞ <u>매치 플레이</u>: 페널티는 없으나 상대방은 신속하게 그 스트로크를 취소시킬 수 있다.

- 일단 취소시킨 경우에는 번복할 수 없다[규칙 6.4a(2)].

3 티잉구역과 관련된 상황 **79**

티업한 후에 볼 뒤쪽에 있는 잔디를 뜯었다면 페널티가 있는가?

☞ 페널티는 없다.

* 스트로크하기 전에 티잉구역의 상태를 개선할 수 있는 행동

- 지면을 파서 지면을 변경하는 행동

- 지면에 붙어 있거나 자라고 있는 풀, 잡초 그 밖의 자연물
  을 움직이거나 구부리거나 부러뜨리는 행동

- 모래, 흙을 제거하거나 누르는 행동

- 이슬·서리·물 등을 제거하는 행동[규칙 6.2b(3)].

티잉구역에서 연습 스윙 중에
볼이 티에서 떨어졌거나 백스윙 도중에
볼이 티에서 떨어져서 스윙을 멈췄다면
볼을 다시 티업할 수 있는가?

☞ 페널티는 없으며 다시 티업하고 플레이하면 된다.

- 티잉구역에서는 스트로크하지 않은 볼은 인플레이볼이 아니다.
- 티에 올려 놓은 볼을 스트로크하기 전에 그 볼이 티에서 저절로 떨어지거나 플레이어가 그 볼을 떨어지게 한 경우 그 볼은 페널티 없이 티잉구역에서 다시 티업할 수 있다 [규칙 6.2(5)].

티샷을 헛쳐서 그 볼이 티에서 떨어져서 티잉구역 안에 멈춰 있는 경우에 다시 티업해서 플레이할 수 있는가?

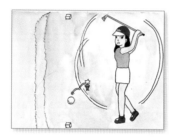 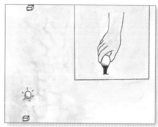

☞할 수 있다.

- 티잉구역 안에 있는 인플레이볼이기 때문에 티잉구역 규칙이 적용된다(규칙 6.2a).
- 볼을 정지해 있는 그대로 플레이할 수 있다.
- 티잉구역 어디서든지 다시 티업하여 플레이할 수 있다.
- 만일 그 볼이 티업 상태로 그대로 있다면(헛쳐서) 티의 높이를 조절할 수 있다.
- 볼의 교체도 가능하다[규칙 6.2b(6)].

티잉구역
19

티샷을 헛쳤는데, 그 볼이
티잉구역 밖으로 살짝 굴러나가서
멈춘 경우는?

☞ 있는 그대로 플레이해야 한다.

- 그 볼은 티잉구역 안이 아니라 밖에 있는 볼이다.
- 티잉구역 규칙이 적용되지 않기 때문에 그 볼은 놓여 있는
  그대로 플레이해야 한다.
- 티마커가 스탠스나 스윙구역 등에 방해가 된다면 티마커는
  움직일 수 있는 장해물이 되기 때문에 제거하고 플레이할
  수 있다[규칙 6.2b(4)].

티샷한 볼이 티마커 바로 뒤에
정지했는데, 티마커가 방해가 될 경우
제거할 수 있는가?

☞ 제거할 수 없다.

- 볼이 티잉구역 안에 있기 때문에 티잉구역의 규칙이 적용
  된다. 따라서 티마커는 고정물이며 움직여서는 안 된다.
- 플레이어는 티잉구역 안에 어디에서든지 볼을 지면 위에
  놓거나 티업해서 플레이할 수 있다.
- 페널티 없이 그 볼을 집어 올리거나 움직일 수도 있고 그
  볼을 놓인 그대로 플레이할 수도 있다.
- 볼도 교체할 수 있다(규칙 6.2b).

티에서 떨어지고 있는 볼을
스트로크한 경우 페널티가 있는가?

☞ 페널티는 없다.

- 볼이 티에서 떨어지는 도중이나 떨어진 후에 그 볼을 스트
로크한 경우에는 페널티는 없다(규칙 10.1d의 예외2).

- 그 스트로크는 타수에 포함되며, 그 볼은 인플레이볼이다
[규칙 6.2b(5)].

04

볼 찾기 및 확인과 관련된 상황

플레이할 볼에 반드시 본인의 식별 표시를 해두어야 하는가?

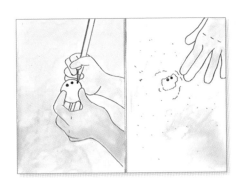

☞ 의무는 아니지만 해두는 것이 도움이 된다(규칙 6.3a).

– 식별 표시가 없으면 분실된 볼로 처리될 가능성이 있다.

* **볼을 확인하는 방법 3가지(규칙 7.2)**

1) 그 볼이 플레이어의 볼이라는 것을 알고 있는 상황에서 그 볼이 정지하는 것을 목격한 사람이 있는 경우

2) 플레이어가 자신의 볼에 해 놓은 식별 표시를 확인한 경우(규칙 6.3a 참조)

3) 플레이어의 볼이 있을 것으로 예상되는 구역에서 그 볼과 동일한 상표·모델·숫자·상태의 볼을 발견한 경우

볼 찾기에 허용되는 시간은 몇 분인가?

☞ 3분이다.

- 플레이어나 플레이어의 캐디가 볼을 찾기 시작한 후 3분 안에 발견되지 않는다면 그 볼은 분실된 것이다(규칙 18.2a).

- 볼을 찾기 시작한 후 3분 안에 볼이 발견되었지만 그 볼이 플레이어의 볼인지 확실하지 않을 경우, 플레이어는 반드시 신속하게 그 볼을 확인해야 한다.

- 볼을 확인하는 데 필요한 시간은 볼 찾기에 허용된 3분이 끝났을지라도 허용된다(설명 18.2a(1)/3].

흙이 묻어 있어서 자신의 볼인지 확인할 수 없는 경우에는 어떻게 확인하나?

☞마크한 후에 볼을 집어 올려 확인하는 데 필요한 정도까지는 닦을 수 있다(규칙 7.3).

- 어떤 볼이 플레이어의 볼일 수도 있으나 그 볼이 놓인 그 대로는 확인할 수 없는 경우, 플레이어는 1) 반드시 그 볼의 지점을 먼저 마크한 후에, 2) 그 볼을 돌려보거나 집어 올려서 확인하는 데 필요한 정도까지는 닦을 수 있다.

- 집어 올린 볼이 플레이어의 볼이든 다른 플레이어의 볼이든 그 볼은 원래의 지점에 리플레이스해야 한다.

러프에서 자신의 볼을 찾는 중에
실수로 볼을 움직였는데
어떻게 처리하나?

☞ 페널티는 없으며, 원래의 지점에 리플레이스해야 한다.

- 볼을 발견하는 과정에서 플레이어, 상대방이나 다른 사람에 의하여 그 볼이 우연히 움직인 경우에 페널티는 없고, 반드시 원래의 위치에 리플레이스(그 지점을 알 수 없는 경우에는 반드시 추정)해야 한다(규칙 7.4).

깊은 러프에 있는 풀을
헤치거나 밟으면서
자신의 볼을 찾아볼 수 있는가?

☞ 찾아볼 수 있다(규칙 7.1a).

– 풀을 밟거나 헤치면서 볼을 찾아볼 수 있다. 합리적인 방
법이라면 허용된다. 다만 풀을 평평하게 만들거나 고의적
으로 나뭇가지를 부러뜨리는 행동은 허용되지 않는다(설명
7.1a/1).

러프 속에서 볼을 찾다가 플레이어의 볼을
캐디가 밟아서 깊숙이 박혔는데,
어떻게 리플레이스하나?

☞ 그 지점을 추정하여 리플레이스한다(규칙 7.4).

- 합리적으로 이용가능한 모든 증거들을 종합하여 원래의 지
점을 추정해야 한다. 예를 들어 발로 밟아서 찾았는지, 볼
이 보였는지, 풀 속 지면과 닿아 있었는지, 풀은 길었는지
등의 정보들을 살펴봐야 한다(설명 7.4/1).

- 원래의 라이가 변경된 경우, 원래의 라이와 가장 비슷한
라이를 가진 가장 가까운 지점에(원래의 지점으로부터 1클럽
길이 이내) 그 볼을 리플레이스해야 한다(규칙 14.2d).

자신의 볼을 확인하기 위하여
마크하고 볼을 집어 올리고자 할 때
반드시 다른 플레이어에게
먼저 의사를 통보해야 되는가?

☞ 통보할 필요 없다. 이 과정을 지켜볼 기회를 주지 않아도 된다.

- 플레이어의 합리적인 판단은 수용된다[규칙 1.3b(2)]. 다만
  반드시 볼의 위치를 마크해야 한다.
- 집어 올린 볼은 확인하는 데 필요한 정도 이상으로 그 볼을
  닦아서는 안 되며, 집어 올린 볼은 반드시 원래의 지점에
  리플레이스해야 한다.

볼 찾기 & 확인
08

모래에 파묻혀 있는 볼을 찾을 때
모래를 클럽으로 휘저을 수 있나?

☞ 모래를 휘저으며 볼을 찾아볼 수 있다.

- 모래를 손이나 클럽으로 휘젓는 행동은 볼을 찾는 합리적
  인 행동으로 간주된다(규칙 7.1).
- 다만 반드시 모래에 놓여 있던 원래의 라이를 다시 만들어
  놓아야 한다(규칙 7.1b: 위반시 일반 페널티).

나무에 걸린 볼이 자신의 볼인지 확인하기 위해
올라가던 중에 볼이 나무에서 떨어졌는데
어떻게 처리하나?

☞ 페널티는 없으며 움직여진 볼은 리플레이스한다(규칙 7.4, 설명
9.4a/1).

- 볼을 발견·확인하는 과정에서 우연히 볼을 움직여도 페널
티는 없다.
- 리플레이스하지 못한다면 볼이 있었던 나무 위 지점의 수직
바로 아래 지면 위의 지점을 기준점으로 언플레이어블볼
(1벌타) 구제를 받을 수 있다.

나무에 걸린 볼이 자신의 볼인지 확인할 수
없어서 자신의 볼이라면 언플레이어블볼로
처리하겠다고 말하고 나무를 흔들어서
볼을 떨어뜨렸는데, 어떻게 처리하나?

☞ 자신의 볼로 확인되면 언플레이어블볼(1벌타)로 처리할 수 있
  다.

　- 볼을 확인하고자 나무를 흔들어서 볼을 떨어뜨리는 행동은
    합리적인 행동이라고 인정되고, 볼이 움직인 것에 대한 페
    널티는 없다(설명 9.4a/1).

볼 찾기 & 확인
11

나무에 걸려 있는 자신의 볼을 플레이하기
위해 스트로크를 준비하는 과정에서 우연히
그 볼을 떨어지게 했다면 어떻게 처리하나?

☞ 볼을 움직이게 한 것에 대하여 1벌타를 받는다.

- 그 볼을 리플레이스(규칙 9.4에 따른1벌타)하거나 언플레
  이어블볼 규칙[규칙 9.4에 따른 1벌타 + 규칙 19에 따른
  1벌타(총 2벌타)]에 따라 곧바로 구제를 받을 수 있다.

* 플레이어가 볼을 확인하려는 것이 아니었거나 다른 규칙
  에 따라 구제를 받을 생각도 없었는데 볼을 움직인 경우에는
  규칙 9.4의 위반으로 페널티를 받는다(설명 9.4a/1).

나무에 걸린 볼을 볼 수 있으나 자신의 볼인지 확인할 수 없다면 분실된 볼로 처리해야 하나?

☞ 분실된 볼로 처리해야 한다(설명 7.2/1).

- 볼이 보이기는 하지만 회수할 수 없더라도 반드시 확인해야 한다.
- 육안이나 망원경 등으로 확인된 경우: 언플레이어블볼 처리해야 한다(1벌타).
- 확인이 안 되는 경우: 분실된 볼이며, 직전의 스트로크를 한 곳으로 되돌아가서 스트로크와 거리의 구제(1벌타)로 처리해야 한다.

05

코스의
개선행위와
관련된 상황

개선행위를 하면 페널티를 받게 되는
'스트로크에 영향을 미치는 상태'란 무엇인가?

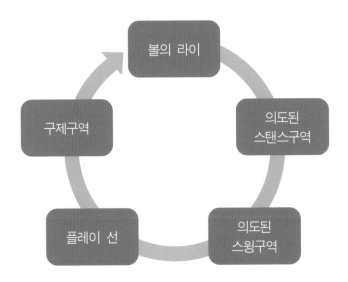

* 규칙 8.1: '코스는 있는 그대로 플레이해야 한다'는 골프
원칙에 따라 플레이어가 다음에 할 스트로크에 유리하도록
'스트로크에 영향을 미치는 상태(위 다이어그램의 5가지 요
소)'를 개선하는 것을 제한한다.

의도된 스탠스구역에 방해가
되는 OB 말뚝은 제거해도 되나?

☞ 제거할 수 없다.

- OB 말뚝은 코스의 경계물로서 이를 제거하여 스트로크에
  영향을 미치는 상태를 개선해서는 안 된다(규칙 8.1a).

- 만일 제거한 후에 스트로크를 한다면 2벌타를 받게 되지
  만, 스트로크 전에 제자리에 꽂아 놓는다면 페널티를 면할
  수 있다[규칙 8.1c(1)].

플레이에 방해가 되는
나뭇가지를 꺾어버릴 수 있는가?

☞ 나뭇가지를 꺾는다면 일반 페널티를 받게 된다.

- 플레이어는 자라거나 붙어 있는 자연물을 구부리거나 부러 뜨리는 행동으로 자신의 다음 스트로크에 영향을 미치는 상태를 개선할 수 없다(규칙 8.1a).

- 개선된 상태를 복원할 수 있다면 페널티를 면할 수 있으나 나뭇가지를 꺾어버린 경우에는 개선된 상태가 복원되지 않 는 경우에 해당된다[규칙 8.1c(1)].

코스의 개선
04
플레이 선상의 디봇 자국을 메웠는데,
허용되는 개선행위인가?

☞ 일반 페널티 적용.

  - 플레이어는 스트로크에 영향을 미치는 상태를 개선해서는
    안 된다[규칙 8.1a(3), (4), (5)].
  - 스트로크에 영향을 미치는 상태를 개선한 예
    1) 디봇을 메우는 등 지면의 상태를 변경한다.
    2) 모래나 흩어진 흙을 제거하거나 누른다.
    3) 이슬·서리·물을 제거한다.

제자리에 메워진 디봇을 플레이하기 전에 누를 수 있나?

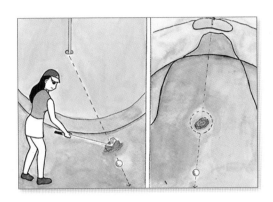

☞ 그와 같은 행동이 플레이어에게 잠재적인 이익을 준다면 스트로크에 영향을 미치는 상태를 개선한 것(왼쪽 그림)으로 일반 페널티를 받게 된다(예: 퍼트를 하거나 낮게 굴리는 치핑을 하는 경우)(설명 8.1a/1).

- 플레이어에게 잠재적인 이익을 줄 것 같지 않은 경우(오른쪽 그림)에는 페널티를 받지 않는다(예: 홀로부터 150야드 떨어진 지점의 일반구역에서 샷을 하기 전에 볼로부터 몇 야드 앞 플레이 선상의 디봇을 누른 경우)(설명 8.1a/2).

- 디봇이 떨어져나간 자리에 메워진 디봇은 루스임페디먼트가 아니라 지면의 일부로 간주된다(설명 8.1a/9).

코스의 개선
06

정지한 볼이 경사로 인해서 움직일 것 같은
상황이다. 만일 그 볼이 스트로크하기 전에
움직인다면 정지할 수도 있는 지역의 제자리에
메워져 있는 디봇 자리를 눌렀는데, 허용되는가?

☞ 일반 페널티 적용.

* 규칙 8.2b: 플레이어는 고의로, 스트로크를 하기 전에 플
레이어의 정지한 볼이 움직일 경우 그 볼의 진행경로가 되거
나 그 볼이 정지할 수도 있는 장소를 변경하기 위해서 규칙
8.1a에 언급된 행동을 해서는 안 된다.

백스윙 도중에 나뭇가지를 부러뜨렸으나 그대로 플레이했는데, 페널티는 없는가?

☞ 페널티는 없다.

- 플레이어가 스트로크를 하거나 스트로크를 하기 위한 백스 윙을 하여 나뭇가지를 부러뜨리는 행동으로 인해서 스트로 크에 영향을 미치는 상태가 다소 개선되었더라도 멈추지 않고 스트로크를 했다면 페널티는 없다. 그러나 스윙을 멈췄다면 규칙 8.1a 위반으로 일반 페널티를 받는다.

나뭇가지나 선인장 때문에
서서 스탠스를 잡을 수 없어서
수건을 바닥에 깔고 플레이했는데,
허용되는가?

☞ 일반 페널티 적용.

　- 플레이어는 자연적 상태를 개선하는 행동, 예를 들어 수건
　을 깔고 스탠스를 만들거나 선인장 위에 수건을 올려놓아
　스트로크에 영향을 미치는 상태를 개선할 수는 없다(설명
　8.1a/5).

　* 규칙 8.1a(2): 루스임페디먼트나 움직일 수 있는 장해물을
　갖다 놓는 행동(예: 스탠스를 만들거나 플레이 선을 개선하
　기 위하여 하는 행동)으로 스트로크에 영향을 미치는 상태를
　개선하는 행동을 해서는 안 된다.

나뭇가지 때문에 볼을 볼 수 없고,
스탠스를 바르게 할 수도 없는 상황인데,
스탠스를 바르게 취하는 과정에서
어느 정도까지 개선행위가 허용되는가?

☞ **최소한의 영향만 미치는 범위 내에서 가능하다.**

- 플레이어는 정상적인 스탠스를 취할 권리가 있는 것은 아
니며, 반드시 그 특정한 상황에서 최소한의 영향만 미치도
록 주의해야 한다[규칙 8.1b(6)].

- 고의적으로 나뭇가지를 구부리거나 부러뜨리는 것이 아니
라면 "바르게 스탠스를 취하는 과정"에서 불가피한 훼손은
허용된다(설명 8.1b/2 및 8.1b/3).

벙커 뒤에서 수리지 구제를 받는 과정에서
드롭된 볼이 벙커 안으로 굴러갔다.
볼을 회수하면서 벙커 안에 발자국을 만들었는데,
고무래로 이 발자국들을 고를 수 있는가?

☞ 고를 수 없다[설명 8.1d(2)/3].

- 플레이어가 스스로 스트로크에 영향을 미치는 상태를 악화
  시킨 경우에 그 악화된 상태를 개선해서는 안 된다[규칙
  8.1d(2)].
- 이러한 상황에서는 1) 두 번째로 볼을 드롭할 때, 다른 볼
  을 사용하든가, 2) 벙커 안의 볼을 회수할 때, 플레이 선 등
  이 악화되지 않도록 주의를 기울여 볼을 회수하도록 한다.

볼이 벙커 안에 정지한 뒤에
나뭇가지가 바람에 밑으로 떨어지면서
볼은 움직이지 않고 볼 바로 뒤의 라이가 파여
상태가 악화되었는데, 복원할 수 있는가?

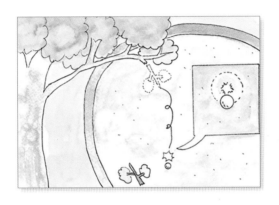

☞ **복원할 수 없다[설명 8.1d(2)/1].**

- 자연물이나 바람/물과 같은 자연의 힘에 의하여 스트로크
  에 영향을 미치는 상태가 악화된 경우에 그 악화된 상태를
  개선해서는 안 된다[규칙 8.1d(2)].

- 이러한 상황에서 벙커 안에 있는 떨어진 나뭇가지(루스임
  페디먼트)를 제거할 수는 있으나, 악화된 상태 그대로 플
  레이해야 한다.

06

스트로크와
관련된 상황

스트로크 01

볼을 완전히 헛쳐서 볼이
그 자리에 그대로 놓여 있는데,
스트로크를 한 것인가?

☞ **스트로크를 한 것이다.**

- 스트로크란 볼을 치기 위하여 그 볼을 보내고자 하는 방향
  으로 클럽을 움직이는 동작이다(용어의 정의: "스트로크").
- 볼을 치고자 다운 스윙을 하였으나, 의도적으로 볼을 맞히지
  않거나 볼 바로 앞에서 클럽헤드를 의도적으로 멈춘 경우
  에는 스트로크를 한 것이 아니다.
- 헛 스윙은 스트로크를 한 것이며, 타수에도 포함된다.

기다리는 중에 소나무에서 떨어진 솔방울을 쳤는데, 연습 스트로크를 한 것인가?

☞ **연습 스트로크가 아니다.**

- 스트로크는 볼을 쳐서 움직이려는 동작이다.
- 돌이나 솔방울 등 자연물을 치는 것은 연습 스트로크에 포함되지 않는다(설명 5.5a/1).
- 골프 볼과 비슷한 크기의 다른 유형의 볼(예: 플라스틱 연습볼)을 치는 것은 허용되지 않는다.

스트로크 03

클럽 헤드의 뒷면을 사용하여 스트로크해도 되는가?

☞ 클럽 헤드의 어느 부분(토우·힐·뒷면)을 사용해도 무방하다.

  – 스트로크를 할 때 반드시 클럽 헤드의 어느 부분으로든 올 바르게 볼을 쳐서 클럽과 볼 사이에 순간적인 접촉만 있어 야 하며, 볼을 밀어내거나 끌어당기거나 퍼올려서는 안 된 다(규칙 10.1a).

당구치듯이
짧은 퍼트를 홀인시켜도 되나?

☞ 일반 페널티 적용(규칙 10.1a 위반).

    – 그 스트로크는 타수에 포함된다.

    – 볼을 밀어내거나, 끌어당기거나, 앞으로 당겨 집어 올리
      듯이 스트로크하면 규칙 위반이다(설명 10.1a/1).

돌담을 향해 스트로크해서
볼을 벽에 튕겨서 퍼팅그린 위로
안착시켰는데, 허용되는가?

☞ 정상적인 <u>스트로크로 허용된다</u>(규칙 10.1a).

- 클럽과 볼 사이에 순간적인 접촉만 일어나도록 한 것으로
  클럽의 헤드로 올바르게 볼을 친 것이다.
- 퍼팅그린 옆 돌담 가까이에 놓인 볼을 상상력을 발휘하여
  플레이한 멋진 장면(예: 올드 코스 17번 홀에서 드물게 볼
  수 있는 장면)이다.

볼이 OB의 경계를 표시하고 있는 펜스 바로 앞에 있는데, 그 펜스를 쳐서 스트로크를 할 수 있는가?

☞ 할 수 있다(설명 10.1a/2).

- 볼을 움직이기 위해서 펜스 밖에 서서 펜스를 칠 수 있다.
- 올바르게 볼을 칠 때 클럽 헤드가 반드시 볼과 직접적으로 접촉해야만 하는 것은 아니다. 때로는 클럽 헤드와 볼 사이에 다른 물체가 낄 수 있다.

스트로크 07

클럽을 고정시키는 것이
허용되지 않는 경우란 어떤 것인가?

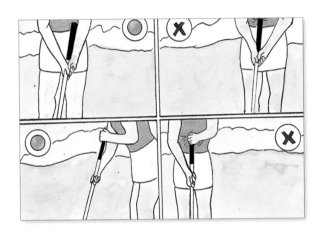

☞ 허용되지 않는 경우

1) 클럽이나 클럽을 쥔 손을 몸에 붙여서 직접적으로 클럽을 고정하는 경우(클럽을 가슴이나 배에 붙인 경우)

2) 팔뚝을 몸에 붙여서 클럽을 쥔 손을 안정적인 지점으로 사용하여 다른 손으로 클럽을 휘두를 수 있도록 어떤 '고정점'을 이용하여 간접적으로 클럽을 고정하는 경우 (팔뚝이나 클럽을 쥔 손을 가슴에 붙힌 경우)

* 허용되는 경우: 그립을 팔뚝에 댄 경우, 팔뚝이나 클럽을 쥔 손을 몸에 붙이지 않는 경우는 허용된다(규칙 10.1b).

단 한 번의 스트로크로 우연히
볼을 두 번 이상 맞힌 경우는
어떻게 처리하나?

☞ **페널티는 없다(규칙 10.1a).**

- 볼은 멈춘 곳에서 그대로 플레이한다.

* 규칙 10.1a: 플레이어의 클럽이 우연히 두 번 이상 볼을
맞히더라도, 그것이 단 한 번의 스트로크로 그렇게 된 경우
에는 페널티가 없다.

스트로크 09

플레이 선을 밟고 선 채로
스트로크할 수 있는가?

☞ 일반 페널티 적용.

– 고의로 플레이 선이나 그 선의 볼 후방으로의 연장선을 가로지르거나 밟고서 스탠스를 취한 채 스트로크를 해서는 안 된다(규칙 10.1c).

– 플레이어가 우연히 이러한 스탠스를 취했거나 다른 플레이어의 플레이 선을 밟지 않기 위하여 취한 경우에는 페널티가 없다(규칙 10.1c 예외).

스트로크
10

움직이는 볼을 스트로크했는데,
어떻게 처리하나?

☞ 일반 페널티 적용.

- 그 스트로크는 타수에 포함되며, 볼은 멈춘 곳에서 그대로
  플레이한다.

- 매우 부당한 행동이라고 판단되면 실격도 가능하다(설명
  1.2a/1).

* 규칙 10.1d: 플레이어는 움직이고 있는 볼에 스트로크를
해서는 안 된다.

다른 플레이어에게 거리에 대해 물었더니
알려주었다. 어드바이스에 해당하는가?

☞ **어드바이스가 아니다**(용어의 정의: "어드바이스").

- 한 지점으로부터 다른 지점까지의 거리 등 공공연하게
  알려진 정보는 어드바이스에 포함되지 않는다.
- 공공연하게 알려진 정보의 예: 코스상에 있는 것들의 위치
  (홀, 퍼팅그린, 벙커 또는 다른 플레이어의 볼의 위치…),
  한 지점으로부터 다른 지점까지의 거리, 골프규칙 등

스트로크 12

맞바람이 불기 때문에 홀까지
적어도 250야드는 쳐야 한다고
다른 플레이어에게 알려주는 행위는
어드바이스에 해당하는가?

☞ 어드바이스(일반 페널티 적용)를 제공한 것이다.

　– 페널티구역을 넘기기 위해서는 바람을 감안해서 수면 위
　　250야드를 쳐야 할 것이라고 말해주는 것은 단순히 한 지
　　점에서 다른 지점까지의 거리를 알려주는 것이 아니라 그
　　홀에서의 플레이 방법을 결정하는 데 영향을 미치는 어드
　　바이스에 해당된다(용어의 정의: 설명 "어드바이스"/3).

둘 이상의 플레이어가 한 캐디를 공동으로
쓰고 있다. 이 경우에 먼저 티샷한 플레이어가
어떤 클럽을 사용하였는지를 다른 플레이어가
그 캐디에게 물어볼 수 있는가?

☞ 물어볼 수 있다.

　－둘 이상의 플레이어가 한 명의 캐디를 공동으로 쓰고 있는
　　경우, 그 플레이어들 중 누구든 그 캐디로부터 정보를 얻
　　을 수 있으며, 따라서 어드바이스를 구하는 것이 아니다
　　(설명 10.2a/1).

스트로크
14

한 샷을 하는 데 적정한
플레이 시간은 얼마인가?

☞ **40초 안에 스트로크하도록 권장된다[규칙 5.6b(1)].**

- 골프의 라운드는 신속한 속도로 플레이해야 한다.
- 플레이어는 다음 스트로크를 미리 준비하여 자신의 순서가
  되었을 때 곧바로 플레이할 수 있도록 해야 한다.
- 플레이어는 방해를 받지 않고 플레이할 수 있게 된 후 40초
  안에 플레이하도록 권장된다.

어려운 샷이어서 고민하고 있는 동안
짧은 거리를 남겨 놓은 앞에 있는
다른 플레이어가 먼저 샷을 했는데,
규칙에서 허용되는가?

☞ 매치 플레이: 시간 절약을 위해 순서와 상관없이 플레이하자고
합의하면 가능하다[규칙 6.4a(2)의 예외].

☞ 스트로크 플레이: 원구선타의 순서를 어겨도 페널티는 없다
[규칙 6.4b(1), (2)].
- "준비된 골프(ready golf)"의 허용 및 권장: 안전이 확보된
상태에서 순서와 상관없이 준비된 플레이어가 먼저 플레이
하는 것은 허용되고 권장된다.

07

캐디와 관련된 상황

골프규칙에서 캐디는 누구인가?

캐디 01

☞ "캐디"란, 라운드 동안 플레이어를 돕는 사람을 말한다(용어의 정의: "캐디").

- 플레이어를 돕는 방법
  1) 클럽의 운반·이동·취급
  2) 어드바이스하기(플레이어가 어드바이스를 구할 수 있는 유일한 사람)
  3) 그 밖의 허용된 방법(규칙 10.3b)

* **플레이어는 라운드 동안 한 번에 한 명의 캐디만 쓸 수 있다 [규칙 10.3a(1)].**
- 한 번에 두 명 이상의 캐디로부터 도움을 받은 경우, 도움을 받은 각 홀에 대하여 일반 페널티를 받는다.
- 홀과 홀 사이에서 이러한 위반이 일어나거나 계속된 경우에 다음 홀에서 일반 페널티를 받는다.

캐디
02

다른 플레이어와 공유하고 있는
캐디는 누구의 캐디인가?

☞ 캐디의 특정한 행동과 관련하여 규칙에 관한 문제가 생긴 경우, 다음의 세 가지 기준으로 누구의 캐디인지를 결정한다[규칙 10.3a(2)].

1) 플레이어들 중 특정한 지시를 한 경우는 그 플레이어의 캐디로 간주한다.

2) 플레이어들 중 어느 누구도 특정한 지시가 없었던 경우는 스트로크한 볼과 관련된 플레이어의 캐디이다.

3) 특정한 지시도 없었고, 어떤 볼도 관련되지 않은 경우에 그 캐디를 공동으로 쓰고 있는 플레이어들 모두가 페널티를 받는다.

플레이어의 승인 없이 언제든지
허용되는 캐디의 행동은 무엇인가?

☞ 클럽과 그 밖의 장비를 운반, 이동, 취급하기[규칙 10.3b(1)].

볼 찾기, 어드바이스 또는 그 밖의 도움을 제공하기, 벙커 정리와 코스 보호를 위한 그 밖의 행동, 퍼팅그린에 있는 모래와 흩어진 흙 제거, 퍼팅그린의 손상 수리, 깃대를 제거하거나 잡아주기, 퍼팅그린에서 볼을 마크하고 집어 올리고 리플레이스하기, 볼 닦기, 루스임페디먼트나 움직일 수 있는 장해물 제거하기 등.

퍼팅그린에서 캐디가
볼을 마크하고 집어 올린 후에
리플레이스까지 할 수 있는가?

☞ 다 할 수 있다.

- 퍼팅그린에서는 플레이어의 위임 없이도 캐디는 볼을 마크하고 집어 올리고 리플레이스할 수 있다(규칙 10.3b, 14.1b의 예외와 14.2b).

- 다만 리플레이스는 캐디가 볼을 집어 올린 경우에만 허용된다. 즉, 캐디가 집어 올리지 않은 볼은 그 캐디가 리플레이스할 수 없다.

캐디 05

일시적으로 고인 물에 볼이 정지하여
플레이할 수 없는 경우,
캐디가 구제받기 위해 허락 없이 그 볼을
집어 올렸는데, 플레이어가 페널티를 받는가?

☞ 페널티를 받지 않는다.

　– 플레이어가 규칙에 따라 구제를 받는 것이 합리적이라고
　　판단되는 경우에는 캐디가 볼을 집어 올려도 된다고 위임
　　받은 것으로 간주된다[규칙 10.3b(1)]. 이러한 상황에서는
　　플레이어의 승인 없어도 캐디는 볼을 집어 올릴 수 있다
　　(규칙 14.1b 예외).

캐디 06

집어 올린 볼을
닦을 수 없는 경우도 있는가?

☞ 퍼팅그린에서는 언제든지 닦을 수 있으며 퍼팅그린 이외의 곳에서 집어 올린 볼을 닦을 수 없는 경우는 4가지이다.

1) 볼의 플레이 부적합 여부를 조사하기 위해서 집어 올린 경우[규칙 4.2c(1)].

2) 볼을 확인하기 위해서 집어 올린 경우(규칙 7.3).

   - 볼을 확인하는 데 필요한 정도까지는 닦을 수 있다.

3) 볼이 플레이에 방해가 될 때 집어 올린 경우[규칙 15.3b(2)].

4) 볼이 구제가 허용되는지의 여부를 조사하기 위하여 집어 올린 경우(규칙 16.4).

   - 구제가 허용되는 것으로 판정되어 구제를 받는 경우에는 볼을 닦을 수 있다.

캐디가 플레이 선의 볼 후방 연장선상이나
그 선 가까이에 서 있는 경우에는
페널티를 받는가?

☞ 페널티를 받는다.

　– 플레이어가 스트로크를 위한 스탠스를 취하기 시작하고 그
　스트로크를 할 때까지 캐디는 고의적으로 플레이어의 플레
　이 선의 볼 후방 연장선상이나 그 선 가까이에(캐디가 서
　있으면 안 되는 제한구역) 서 있어서는 안 된다[규칙 10.
　2b(4)].

플레이어가 스탠스를 취하기 시작하면
캐디는 플레이 선의 후방선상에
서 있으면 안 되는데, 스탠스를 취하는
시점은 언제인가?

☞ 셋업 루틴은 플레이어마다 다 다르기에 표준적 절차는 없다.

- 스탠스를 위한 위치에 적어도 한 발을 위치시키면 스탠스를
  시작한 것이다(왼쪽 그림: 스탠스를 취하기 시작한 것임).
- 볼과 나란히 서 있다가 볼 쪽으로 몸을 돌리기 시작하면
  스탠스를 잡기 시작한 것이다(오른쪽 그림: 플레이어가 볼
  쪽으로 몸을 돌리기 시작하는 순간 스탠스는 시작됨).
- 캐디가 고의적으로 플레이 선 뒤에 서 있는 상태에서 스탠
  스를 잡기 시작했을지라도 스트로크를 하기 전에 플레이어
  가 스탠스에서 물러났다면 페널티는 부과되지 않는다[규칙
  10.2b(4)]. 이는 퍼팅그린을 포함한 코스 어디에서나 적용
  된다.

캐디
09

플레이어가 스탠스를 취하기 시작했을 때,
캐디가 플레이 선의 후방선상에 고의적으로
서 있다는 의미는 무엇인가?

☞ 2가지 조건을 동시에 만족시킬 때 고의적인 것이다.

1) 캐디가 플레이어가 스탠스를 취하기 시작했다는 점을 알고
있고, 2) 플레이 선 후방선상에 서 있다는 사실을 알고 있다.

– 캐디가 두 조건 중 하나라도 모르고 있다면 규칙 10.2b(4)
는 적용되지 않는다. 예를 들어 캐디가 벙커를 고르면서
플레이 선 후방선에 서 있게 된 경우, 또는 플레이어가 스
탠스를 잡고 있다는 사실을 모르고 야디지북을 살펴보는
과정에서 플레이 선의 후방선에 서 있게 된 경우 등은 고
의적인 것이 아니다.

1번 홀 세컨드 지점에서 플레이어의 캐디가 15개의 클럽을 가지고 있다는 사실을 알고 플레이어에게 알리지 않고 주변의 숲으로 들어가서 클럽 한 개를 숨겨 버렸다면 어떻게 처리되나?

☞ 골프의 정신에 어긋나는 매우 부당한 행동을 한 것으로 플레이어는 경기에서 실격된다(규칙 1.2a).

* 규칙 10.3c : 1) 캐디가 규칙에 위반되는 행동이나, 플레이어가 했을 경우 규칙에 위반되는 행동을 한 경우, 관련 규칙에 대한 페널티는 플레이어가 받으며, 2) 플레이어가 해당 사실을 인지하고 있는지 여부에 따라 규칙을 적용하는 것이 달라지는 경우, 캐디가 아는 사실은 플레이어도 모두 알고 있는 것으로 간주된다.

08

볼의 움직임과
관련된 상황

볼을 움직이게 한 경우 어떻게 처리되나?

☞ 볼을 움직이게 한 원인에 따라서 페널티 유무와 플레이할 장소 (리플레이스하거나 그대로 플레이)가 결정된다(규칙 9.2b).

- 4가지 가능한 원인
  1) 자연의 힘(바람, 물 …)
  2) 플레이어와 플레이어의 캐디
  3) 매치 플레이에서 상대방과 그의 캐디
  4) 외부의 영향(스트로크 플레이에서 다른 모든 플레이어 포함)

- 볼이 움직인 원인 판단하기
  - 2), 3), 4)에 의하여 볼이 움직였다는 사실을 알고 있거나 사실상 확실한 경우에 한하여 2), 3), 4)가 그 볼을 움직이게 한 원인으로 간주된다.
  - 2), 3), 4) 중 적어도 하나가 그 원인이 아닌 경우에는 자연의 힘에 의하여 움직인 것으로 간주된다.
  - 사실상 확실성을 판단할 때에 반드시 합리적으로 이용가능한 모든 정보를 고려해야 하며, 플레이를 부당하게 지연시켜서는 안 된다.

02 움직인 볼

볼이 움직였다는 것을
"알고 있거나 사실상 확실성의 기준"을
적용하는 데 도움이 되는 정보들은
어떤 것들인가?

☞ 볼이 움직인 원인을 판단할 때 증거가 되는 정보들(용어의
정의: 설명 "알고 있거나 사실상 확실한"/1).

1) 볼 근처에서 취한 행동들

  – 연습 스윙, 클럽을 지면에 대기, 스탠스 취하기 …

2) 취해진 행동과 볼이 움직인 시간과의 간격

3) 볼이 움직이기 전에 볼이 정지하고 있던 라이

  – 페어웨이 위, 퍼팅그린 위 …

4) 볼이 정지하고 있던 주변의 지면 상태

  – 경사, 지면이 울퉁불퉁한지 …

5) 풍속과 풍향, 강우 등 날씨 상태

정지한 볼이 기우뚱거리기만 하고
도로 원래의 지점에 정지하였는데,
그 볼은 움직인 볼인가?

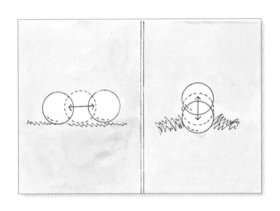

☞움직인 볼이 아니다(용어의 정의: "움직이다").

- 전후·좌우·상하 등으로 방향에 상관없이 원래의 지점에
  서 그 위치가 바뀌어야 볼이 움직인 것이다.
- 정지한 볼이 기우뚱거리기(흔히 흔들린다고 표현하는 움직
  임)만 하다가 도로 원래의 지점에 정지한 경우, 그 볼은 움
  직인 볼이 아니다.
- 볼의 위치가 변경되었다는 사실을 육안으로 확인할 수 있어
  야 그 볼은 움직인 것이다(용어의 정의: 설명 "움직이다"/2).

나뭇가지 위에 있는 볼을
확인하려고 나무에 올라가는 도중에
그 나뭇가지를 움직였다.
볼이 밑으로 떨어지지는 않았는데,
그 볼은 움직인 것인가?

☞ 움직인 볼이 아니다(용어의 정의: 설명 "움직이다"/1).

- 볼은 그 볼이 정지해 있는 상태나 물체의 특정 부분과 관련하여 볼이 움직인 경우에만 움직인 것으로 간주한다. 볼이 정지해 있는 물체 전체가 지면과 관련하여 움직인 경우에는 그 볼이 움직인 것으로 간주하지 않는다.
- 나뭇가지는 움직인 것이나 나뭇가지 위의 볼의 위치는 변하지 않았다. 나뭇가지가 땅에 떨어지거나 볼이 떨어지지 않는 한 볼은 움직인 것이 아니다. 페널티 없이 그대로 치거나 언플레이어블볼(1벌타)로 처리한다.

움직인 볼

05

플레이한 볼이 코스에 정차해 있던
코스 정비 트럭 위에 정지했는데,
그 차가 출발한 경우 그 볼은 움직인 것인가?

☞그 볼은 움직인 것이다(용어의 정의: 설명 "움직이다"/1).

- 차(외부의 영향)가 움직여서 볼의 위치가 변경되었다.
- 차가 움직이기 전에 볼이 그 위에 정지하고 있었던 원래의
  지점을 추정하여 그 지점에서 1클럽 길이 이내의 구제구역
  을 설정하고 드롭하여 플레이한다(페널티 없음, 규칙 15.2
  적용).

코스에 정지해 있던 플레이어의 볼을
개나 새가 물고 가버렸는데,
어떻게 처리해야 하나?

☞ 그 사실을 알고 있거나 사실상 확실하면 페널티 없이 원래의
　볼이 있었던 지점에 볼을 리플레이스하고 플레이한다.
　- 그 볼은 외부의 영향에 의하여 움직인 것이다(규칙 9.2b).
　- 외부의 영향에 의해 볼이 움직인 사실을 알고 있거나 사실
　　상 확실한 경우에 페널티는 없고, 원래 있었던 지점(알 수 없
　　는 경우에는 반드시 추정하여)에 볼을 리플레이스한다.
　- 사실상 확실하지 않은데 그 볼이 분실된 경우는 규칙 18.2에
　　따라 스트로크와 거리의 구제(1벌타)를 받아야 한다(규칙
　　9.6).

일반구역에서 연습 스윙을 하다가 볼을 움직였는데 어떻게 처리하나?

☞ **1벌타: 볼은 리플레이스하여 플레이한다.**

- 퍼팅그린 이외의 곳에서 플레이어가 자신의 정지한 볼을 집어 올리거나 움직인 경우, 플레이어는 1벌타를 받게 되며 그 볼은 반드시 원래의 지점에 리플레이스해야 한다(규칙 9.4).

- 플레이어가 움직인 볼을 리플레이스하지 않고 그대로 스트로크하면 잘못된 장소에서 플레이한 것이며, 일반 페널티를 받게 된다.

볼을 치려고 백스윙을 시작한 후
볼이 움직이기 시작하였으나
그대로 스트로크하였다.
어떻게 처리해야 하나?

☞ 스트로크는 카운트되며, 그 볼이 정지한 곳에서 플레이한다
 (규칙 9.1b).

- 플레이어가 스트로크를 위한 백스윙을 시작한 후에 볼이
 움직이기 시작하였는데 그대로 스트로크를 한 경우에 그
 볼을 움직이게 한 원인과 상관없이 그 볼을 리플레이스해
 서는 안 되며 볼은 그 스트로크 후에 정지한 곳에서 플레
 이해야 한다.

- 플레이어가 그 볼을 움직이게 한 경우에는 규칙 9.4b에 따
 라 1벌타를 받게 된다(규칙 9.1b).

경사면에 있는 볼이
클럽을 볼 뒤 지면에 대기 전에
움직였는데, 어떻게 처리하나?

☞ 새로운 위치에서 그대로 플레이한다(규칙 9.3).

 – 플레이어가 볼을 움직인 원인을 제공한 것이 아니므로 자연
   의 힘(경사)에 의하여 움직인 볼이다. 페널티는 없고, 그
   볼을 새로 정지한 지점에서 플레이한다.

경사면에 있는 볼이
클럽을 볼 뒤 지면에 댄 후에 움직여서
클럽 헤드에 닿고 정지했다면
어떻게 처리하나?

☞ 1벌타: 볼은 리플레이스한다(규칙 9.4).

　－플레이어가 볼이 움직인 원인(클럽을 지면에 댄 행동)을
　　제공한 것으로 판단되는 상황이다. 움직이고 있는 볼이 우
　　연히 플레이어의 클럽을 맞힌 것은 페널티가 없다(규칙
　　11.1a).

볼이 나뭇가지 옆에 정지하였는데
나뭇가지를 제거하자 볼이 움직였다면
어떻게 처리하나?

☞ 1벌타: 반드시 볼은 리플레이스해야 한다.

- 루스임페디먼트를 제거하는 과정에서 자신의 볼을 움직인
  경우에 1벌타를 받고 그 볼은 반드시 원래의 지점에 리플
  레이스해야 한다(규칙 15.1b).
- 퍼팅그린이나 티잉구역에서는 이러한 경우에 페널티는 없다.

움직이고 있는 볼이 우연히 플레이어나 그 장비를 맞힌 경우에는 어떻게 처리하나?

☞ 페널티는 없다. 볼은 멈춘 그대로 플레이한다.

- 움직이고 있는 볼이 우연히 플레이어나 상대방, 캐디, 장비
  등을 맞힌 경우에도 페널티는 없으며, 그 볼은 반드시 놓
  인 그대로 플레이해야 한다(규칙 11.1b).

플레이어의 볼이
코스 정비 트럭이나 카트에 맞고
깊은 숲속으로 방향이 변경되었는데
가보니 OB에 정지했다면
어떻게 처리하나?

☞ OB된 볼로 처리한다(규칙 11.1).

- 움직이고 있는 볼이 사람이나 외부의 차, 광고판, 카트 등
을 우연히 맞힌 경우에는 페널티 없이 그 볼은 놓인 그대
로 플레이해야 한다. 따라서 그 볼은 OB이다. 직전의 스
트로크를 한 곳으로 되돌아가서 스트로크와 거리 구제(1벌
타)를 받고 플레이해야 한다.

플레이어가 친 볼이
동반 플레이어의 정지한 볼을 맞춰
페널티구역에 빠트린 후에
페어웨이에 멈췄다면 어떻게 처리하나?

☞ 플레이어의 볼은 멈춘 그대로 플레이한다. 다른 플레이어의
볼은 원래의 자리(모르면 추정함)에 리플레이스해야 한다.

– 플레이어의 움직이고 있는 볼이 정지해 있는 다른 볼을 우
연히 맞힌 경우, 플레이어의 볼은 반드시 멈춘 그대로 플
레이해야 한다(규칙 11.1b).

– 페널티는 없다. 다만 스트로크 플레이에서 플레이어가 퍼
팅그린에서 스트로크를 한 후 움직이고 있는 볼이 그 퍼팅
그린에 정지해 있던 다른 플레이어의 볼을 맞힌 경우, 플
레이어는 2벌타를 받는다(규칙 11.1a 예외).

일반구역에서 동시에 친 볼이 부딪혔다면 어떻게 처리하나?

☞ 둘 다 페널티는 없으며, 두 볼 모두 정지한 곳에서 그대로 플레이
   한다.

   - 움직이고 있는 볼은 두 플레이어 모두에게 외부의 영향에
     해당한다(용어의 정의: "외부의 영향").

   - 플레이어의 움직이고 있는 볼이 우연히 외부의 영향을 맞힌
     경우에는 어떤 플레이어에게도 페널티는 없으며 그 볼은
     반드시 놓인 그대로 플레이해야 한다(규칙 11.1).

구제와 관련된 상황

구제 상황은 어떻게 구분되는가?

구제의 종류	구제 상황(관련 규칙)	구제 방법
페널티 없는 구제	– 루스임페디먼트(규칙 15.1) – 움직일 수 있는 장해물(규칙 15.2)	일반적으로는 페널티 없이 방해물을 제거하여 구제
	– 비정상적인 코스 상태(규칙 16.1) – 위험한 동물(규칙 16.2) – 박힌 볼(규칙 16.3) – 잘못된 그린(규칙 13.1f)	페널티 없이 방해가 있는 것으로부터 다른 장소에 볼을 구제받아 플레이
페널티 구제	페널티구역(규칙 17) – 노란 페널티구역[1), 2) 중 선택] – 빨간 페널티구역[1)~3) 중 선택]	다음 구제방법 중에서 선택(1벌타) 1) 원위치(스트로크와 거리 구제) 2) 후방선 3) 측면 구제
	– 스트로크와 거리 구제(규칙 18.1) – 분실(규칙 18.2) – OB(규칙 18.2)	직전에 스트로크를 한 곳에서 플레이(1벌타)
	언플레이어블볼(규칙 19)	다음 3가지 구제방법 중에서 선택(1벌타) 1) 원위치(스트로크와 거리 구제) 2) 후방선 3) 측면 구제

구제를 받기 위해 필요한 5가지 단계는 무엇인가?

☞ **구제 5단계**

- 1단계: 구제 상황을 판단함
  - 구제를 받을 수 있는 상황인지를 점검함.
  - 페널티 없는 구제 상황인지, 페널티를 받는 구제 상황인지를 판단함.
- 2단계: 기준점을 결정하고 구제구역을 설정함
  - 실제로 구제받을 상황을 구현해봄.
- 3단계: 구제를 받는 것이 실제로 유리한지를 판단함
  - 그대로 치는 것이 유리하면 볼을 놓여 있는 그대로 플레이하고, 구제받는 것이 유리하면 구제절차 진행.
- 4단계: 볼을 집어 올려 드롭(볼교체 가능)
  - 3단계에서 구제를 받기로 결정했을 경우에 비로소 볼을 집어 올림.
  - 1단계에서 볼을 먼저 집어 올렸는데 구제받는 것이 불리하다고 판단되면 원래의 위치로 볼을 리플레이스해야 하는데, 이 경우에는 1벌타를 받을 수밖에 없음.
- 5단계: 드롭 절차의 마무리
  - 올바르게 드롭했는지, 드롭을 다시 해야 하는지 판단.
  - 드롭된 볼이 구제구역 안에 정지했는지 판단.
  - 두 번 드롭하고 플레이스하는 등의 절차를 마무리함.

03 기준점은 구제 상황에 따라 어떻게 달라지는가?

구제의 종류	구제 상황		기준점
페널티 없는 구제	비정상적인 코스 상태 (수리지 등 4가지 상태)		가장 가까운 완전한 구제지점 (NPCR)
	위험한 동물		
	잘못된 그린		
	플레이 금지구역		NPCR(페널티구역에서는 페널티 구제 가능)
	박힌 볼		볼이 박힌 바로 뒤의 지점
페널티 구제	페널티구역	1) 스트로크와 거리 구제	직전 스트로크를 한 지점
		2) 후방선 구제	페널티구역을 마지막으로 통과한 것으로 추정되는 지점보다 홀로부터 더 멀리 있는 후방선상의 지점
		3) 측면 구제	페널티구역을 마지막으로 통과한 것으로 추정되는 지점
	OB 분실된 볼	스트로크와 거리 구제	직전 스트로크를 한 지점
	언플레이어블볼	1) 스트로크와 거리 구제	직전 스트로크를 한 지점
		2) 후방선 구제	원래의 볼이 있는 지점과 홀을 연결한 후방선상의 지점
		3) 측면 구제	원래의 볼이 있는 지점

구제구역이란 무엇인가?

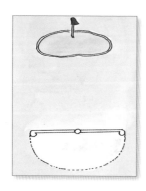
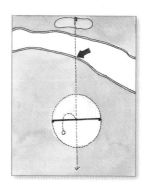

☞ 규칙에 따라 구제를 받는 경우에 플레이어가 반드시 볼을 드롭
해야 하는 구역이다(용어의 정의: "구제구역").

　– 기준점: 구제구역의 크기를 측정하는 기준이 되는 점이다.

　– 구제구역의 크기: 기준점으로부터 한두 클럽 길이 이내이다.

　　→ 1클럽 길이: 대부분의 구제 상황

　　→ 2클럽 길이: 페널티구역에서의 측면 구제, 언플레이
어블볼 측면 구제

　– 구제구역의 위치제한: 구제 상황에 따라 제한될 수 있다.

☞ 후방선 구제를 받는 경우

　– 볼은 반드시 후방선상에 드롭해야 한다.

　– 구제구역은 그 볼이 드롭될 때 최초로 지면에 닿은 지점으
로부터 어느 방향으로든 한 클럽 길이 이내의 구역으로 결
정된다.

플레이어가 구제를 받을 때
설정하는 구제구역을 측정하는 클럽은
어떻게 정하는가?

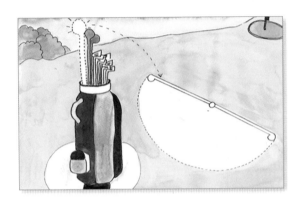

☞ 휴대한 클럽 중 퍼터를 제외한 가장 긴 클럽으로 측정한다.

- 규칙에서 의미하는 "클럽 길이"란 플레이어가 라운드 동안
  에 휴대한 14개 클럽 중 퍼터를 제외한 가장 긴 클럽이다
  (용어의 정의: "클럽 길이").

- 14개 클럽(퍼터 제외) 중 가장 긴 클럽이 43인치 드라이버
  라면 그 라운드 동안, 그 플레이어의 1클럽 길이는 43인치
  로 정해져 있는 것이다.

구제구역을 측정할 때 클럽의 커버를 벗기지 않고 측정할 수 있는가?

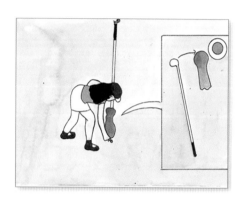

☞ 측정할 수는 있다.

- 헤드커버를 씌우거나 그립 끝에 무언가를 부착한 클럽을 구제구역의 크기를 측정할 때 클럽의 일부로서 사용하는 것은 허용되지 않기 때문에 실질적인 구제구역은 헤드커버를 제외하고 그 클럽 토우에서부터 그립 끝까지의 크기이다.
- 구제구역을 정할 때 그 크기를 측정할 목적으로 클럽을 사용하는 경우, 클럽 길이는 그 클럽 토우에서부터 그립 끝까지, 그 클럽의 길이 전체를 사용해야 한다(용어의 정의: "클럽 길이").

기준점 중의 하나인
"가장 가까운 완전한 구제지점"은
어떻게 정하는가?

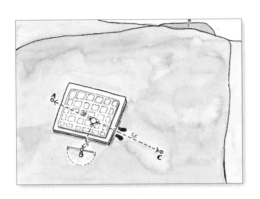

☞ A, B, C의 세 지점을 비교하여 볼로부터 가장 가까운 지점인 B
지점이 "가장 가까운 완전한 구제지점"이 된다.

- 왼쪽(A): 볼이 움직일 수 없는 장해물을 벗어난 지점(볼로
  부터 3피트)

- 오른쪽(C): 스탠스를 잡고 치려는 클럽을 솔한 지점(볼로
  부터 5피트)

- 뒤쪽(B): 볼이 움직일 수 없는 장해물을 벗어난 지점(볼로
  부터 2피트).

  → 볼로부터 가장 가까운 2피트 지점(B지점)이 가장 가까
  운 완전한 구제지점이다.

  → 이 지점(B지점)을 기준점으로 1클럽 길이 이내의 구제
  구역을 설정한다.

08 볼을 드롭할 때 플레이어가 반드시 똑바로 선 자세를 취하고 드롭해야 하는가?

☞ 드롭하는 자세와는 상관이 없으며, 볼을 드롭하는 높이가 "무릎 높이(무릎을 똑바로 편 상태에서 지면으로부터 무릎까지의 높이)"면 된다[규칙 14.3b(2)].

구제를 받을 때
캐디가 볼을 드롭할 수 있는가?

☞ 드롭할 수 없다. 시정하지 않고 플레이한다면 1벌타를 받게 된다.

- 반드시 플레이어가 볼을 드롭해야 한다.

* 올바른 드롭 방법이란(규칙14.3b) 1)플레이어가, 2)무릎 높이에서 드롭하고(볼이 똑바로 떨어지도록), 3)구제구역이나 후방선 위에 볼을 드롭해야 한다(올바르지 않게 드롭한 것은 드롭 횟수에 포함되지 않는다).

볼을 드롭할 구제구역에서 모래를 제거할 수 있는가?

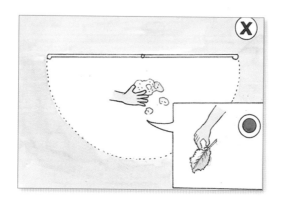

☞ 제거할 수 없다(일반 페널티 적용).

- 루스임페디먼트는 제거할 수 있다.
- 모래나 흩어진 흙을 제거하거나 누르는 행동은 허용되지 않는다[규칙 8.1a(4)].

* 규칙8.1a: 플레이어의 다음 '스트로크에 영향을 미치는 상태(볼의 라이, 의도된 스탠스구역, 의도된 스윙구역, 플레이션, 볼을 드롭하거나 플레이스할 구제구역)'를 개선해서는 안 된다.

카트도로 구제를 받을 때
볼의 교체가 가능한가?

☞ 가능하다.

- 구제구역에 볼을 드롭하는 규칙(14.3)에 따라 볼을 드롭하
  거나 플레이스하는 경우에 플레이어는 어떤 볼이든 사용할
  수 있다(규칙 14.3a).

- 볼의 교체는 첫 번째 드롭, 두 번째 드롭, 두 번째 드롭한
  후 플레이스하는 경우 등에 가능하며, 플레이스한 볼이 그
  지점에 멈추지 않는 경우에 두 번째로 플레이스할 때에도
  가능하다[규칙 14.3c(2)].

볼을 드롭할 때 반드시 구제구역에 드롭해야 하는가?

 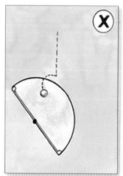

☞ 반드시 구제구역 안에 볼을 드롭해야 한다[규칙 14.3b(3)].

- 플레이어는 볼을 드롭할 때, 구제구역의 안이나 밖에 설 수 있다.

- 드롭 횟수에 포함되지 않는 잘못된 드롭 방법

1) 플레이어 이외의 사람이 드롭한 경우

2) 무릎 높이에서 드롭하지 않은 경우

3) 구제구역 밖에 드롭한 경우

→ 플레이어는 반드시 올바른 방법으로 볼을 다시 드롭해야 한다.

☞ 후방선 구제의 경우

- 반드시 후방선상에 볼을 드롭하여야 한다.

구제 상황 13
두 번 드롭을 올바르게 했는데도 볼이
구제구역에 정지하지 않는다면
어떻게 처리해야 하나?

☞ 두 번째 드롭할 때 볼이 처음 지면에 닿은 지점에 볼을 플레이스
해야 한다. 이때 볼이 정지하면 구제과정이 끝난 것이다.

- 이 볼이 그 지점에 정지하지 않으면 다시 한번 플레이스를
  시도하고 이번에도 볼이 정지하지 않으면 정지할 수 있는
  가장 가까운 지점에 플레이스하여 구제 절차를 완료한다
  [규칙 14.3c(2)].

- 이러한 경우에 볼이 정지할 수 있는 가장 가까운 지점은
  구제구역의 밖이 될 수도 있다.

두 번 드롭을 했는데도 볼이 구제구역에 정지하지 않아서 리플레이스해야 하는데, 다시 드롭하고 쳤다면 어떻게 처리되나?

☞ 이 경우 그 볼은 잘못된 방법으로 플레이스된 것이다. 규칙 14.5(볼을 교체, 리플레이스, 드롭, 플레이스하는 과정에서 한 잘못을 바로잡는 경우)에 따라 페널티 없이 그 잘못을 바로잡을 수 있다. 그러나 시정하지 않고 플레이했다면 페널티를 받는데, 볼의 정지지점에 따라 페널티 적용이 달라진다.

1) 드롭한 볼이 플레이스해야 하는 지점에 정지한 경우: 잘못된 방법으로 플레이스한 것으로 1벌타를 받게 된다.

2) 플레이스해야 하는 지점이 아닌 다른 지점에 정지한 경우: 잘못된 장소에서 플레이한 것으로 일반 페널티를 받게 된다[설명 14.2b(2)/1].

페어웨이의 스프링클러 헤드 위에 정지한 볼을
구제받고자 절차에 따라 구제구역을 설정한 후
볼을 드롭하는 것을 깜박 잊고 구제구역 안에
볼을 플레이스하고 스트로크를 했다면
어떻게 처리되나?

☞ 일반 페널티 적용.

- 반드시 드롭해야 하는데 플레이스한 경우는 그 볼을 플레이
한 장소와 관계없다. 볼을 구제구역 안에 플레이스하고 플레
이했을지라도 일반 페널티를 받는다[규칙 14.3b(4)].

볼을 일시적으로 고인 물로부터 구제받고자
올바르게 구제구역에 드롭했는데 그 볼이
구제구역 안에 있는 나무 속에 정지하여
플레이할 수 없게 되었다면 다시
드롭할 수 있나?

☞ 다시 드롭할 수 없다(설명 14.3c/1).

 – 볼은 올바르게 구제구역에 드롭되고 그 구역 안(덤불이나
   좋지 않은 라이일지라도)에 멈춘 것이다. 따라서 구제 절
   차가 완료되었기 때문에 그 볼은 인플레이볼이다.

 – 있는 그대로 플레이하거나, 언플레이어블볼(1벌타) 구제를
   받아야 한다.

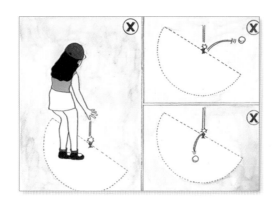

드롭한 볼이 구제구역 안의 지면에
떨어지기 전에 기준점에 꽂아 놓은
티에 맞았다면 어떻게 해야 하나?

☞ 잘못된 드롭이므로 올바르게 드롭한다.

 − 드롭된 볼은 구제구역 안의 지면에 닿기 전에 플레이어의
   몸이나 장비(티는 플레이어의 장비에 해당)를 맞힌 경우는
   잘못된 방법으로 드롭된 것이며 반드시 다시 드롭해야 한
   다. 이는 규칙 14.3c(2)의 플레이스 절차를 따르기 전에
   요구되는 두 번의 드롭 횟수에 포함되지 않는다.

 − 잘못된 방법으로 드롭하고 플레이했을 때 처리방법

  1) 볼이 구제구역 안에 정지한 경우에는 1벌타를 받는다.

  2) 볼이 구제구역 밖에 정지한 경우에는 일반 페널티를 받
     는다[규칙 14.3b(4)].

드롭한 볼이 구제구역에 떨어진 뒤에
기준점에 꽂은 티에 맞고 구제구역 안
또는 밖에 정지했을 경우에
어떻게 처리되나?

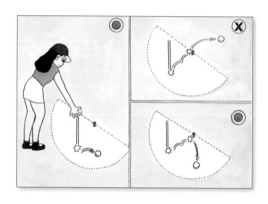

☞ 페널티는 없다. 볼의 정지 지점에 따라 구제절차가 달라진다.

1) 구제구역 안에 정지한 경우: 구제절차는 완료된 것이고, 그 볼은 인플레이볼이다.

2) 구제구역 밖에 정지한 경우: 반드시 규칙 14.3c(2)의 절차에 따라 그 볼을 두 번째로 드롭해야 한다. 두 번째로 드롭한 볼도 구제구역 밖에 정지한 경우, 규칙 14.2b(2)와 14.2e의 리플레이스 절차에 따라 볼을 플레이스함으로써 완전한 구제를 받아야 한다.

올바르게 볼이 드롭되었는데
플레이어의 캐디가 고의로 그 볼의
방향을 바꾸거나 멈추게 했다면
어떻게 처리되나?

☞ 일반 페널티: 다시 드롭한다(규칙 14.3d).

- 올바르게 드롭된 볼이 정지하기 전에 플레이어나 캐디가 고의로 그 볼의 방향을 바꾸거나 그 볼을 멈추게 하면 안 된다.

- 규칙 14.3c(2)의 플레이스 절차에 따르기 전에 요구되는 두 번의 드롭 횟수에 포함되지 않으며, 규칙 14.3b의 절차에 따라 다시 볼을 드롭해야 한다.

- 다만 올바르게 드롭된 볼이 구제구역에 정지할 합리적인 기회가 없는 경우에는 페널티가 없다(규칙 14.3d의 예외).

카트도로 구제를 받을 때 잘못된 장소에 드롭했거나, 드롭해야 하는데 플레이스한 경우, 아직 플레이 전이라면 어떻게 처리해야 하나?

☞ 페널티 없이 다시 올바른 장소에 드롭할 수 있다.

- 플레이어가 잘못된 장소에서 리플레이스, 드롭, 플레이스 하였더라도 아직 그 볼을 플레이하기 전이라면, 페널티 없 이 그 볼을 집어 올리고 그 잘못을 시정할 수 있다(규칙 14.5a).

- 잘못을 시정할 수 있다는 의미에서 규칙 14.5를 지우개 규칙(Eraser Rule)이라고 별칭하고 있다.

10

벙커와 관련된 상황

벙커란?

☞ 주로 풀이나 흙이 제거된 채 움푹 꺼진 지형으로 된 구역을 모래로 특별하게 조성한 구역으로 4개의 특수구역 중 하나이다(용어의 정의: "벙커").

- 모래에서 볼을 플레이하는 플레이어의 능력을 테스트하기 위해 특별하게 조성된 구역이다(규칙12 벙커의 '목적 규정').

- 벙커의 코스 서열은 일반구역보다 우선하며, 페널티구역 〉 벙커 〉 퍼팅그린 순이다.

벙커 안에 있는
볼을 판정하는 방법은?

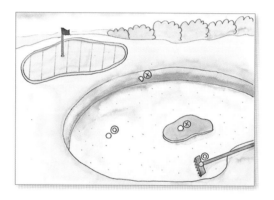

☞ 볼의 일부라도 벙커의 경계 안 바닥의 모래에 닿아 있거나, 벙커
  의 경계 안에 있으면서 모래에 직접 닿아 있지 않더라도 루스임
  페디먼트나 장해물 등의 위나 안에 있는 볼은 벙커에 있는 볼이
  다(규칙 12.1).

 − 벙커의 모래에는 전혀 닿지 않은 채 벙커 안의 흙이나 풀
  위에 있는 볼은 벙커에 있는 볼이 아니다.

볼이 벙커 안을 가로질러 가는 이동통로 위에 있다면 그 볼은 벙커에 있는 볼인가?

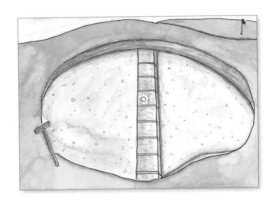

☞ 벙커 안에 있는 볼이다.

- 원래 모래가 있었을 바닥 위에 있는 움직일 수 없는 장해물의 안이나 위에 정지한 볼은 벙커 안에 있는 볼로 판정된다(규칙 12.1).

- 벙커 안의 움직일 수 없는 장해물 위에 있는 볼은 있는 그대로 플레이하거나 규칙 16.1c에 따라 1) 페널티 없이 벙커 안에서 구제를 받거나, 2) 1벌타를 받고 벙커 밖에서 구제(후방선 구제)를 받고 플레이할 수 있다.

볼이 벙커 안에 있을 때
제거할 수 있는 것들은?

벙커
04

☞ 볼이 벙커 안에 있는 경우에 다음과 같은 것들은 제거 가능하다 (규칙 12.2a).

1) 루스임페디먼트(규칙 15.1): 나뭇잎, 나뭇가지, 돌 …
   - 루스임페디먼트를 제거하다가 볼을 움직이면 1벌타를 받는다. 움직인 볼은 반드시 원래의 지점에 리플레이스해야 한다.

2) 움직일 수 있는 장해물(규칙 15.2): 병, 캔, 종이컵 …
   - 움직일 수 있는 장해물을 제거하다가 볼을 움직이더라도 페널티는 없으나 그 볼은 반드시 리플레이스해야 한다.
   - 이러한 것들을 제거하는 과정에서 벙커의 모래를 합리적으로 건드리거나 움직이는 행위는 허용된다.

벙커
05

벙커 안에 박혀 있는 볼을 찾아
확인하기 위해 모래를 파헤칠 수 있는가?

☞ **파헤칠 수 있다.**

- 볼을 찾기 위해서 벙커 안 모래 속을 파헤치는 행동은 합
  리적인 것이다(규칙 7.1a).

- 그러나 반드시 모래에 놓여 있던 원래의 라이를 다시 만들
  어 놓아야 한다. 다만 볼이 모래에 완전히 덮여 있었던 경
  우에는 그 볼의 일부만 보이도록 해 놓을 수 있다(규칙
  7.1b).

- 원래의 라이를 복원하지 않고 플레이하면 일반 페널티를
  받는다.

벙커 06

벙커 안에 있는 볼이 방해가 되는 경우에
어떻게 처리할 수 있는가?

☞ 다른 플레이어의 볼이 자신의 스트로크에 방해가 될 정도로
가까이에 있다면, 그 볼을 집어 올려달라고 요구할 수 있다
(규칙 15.3b).

- 그 볼을 집어 올리기 전에 반드시 마크해야 하며, 닦을
수는 없다.
- 집어 올려진 볼의 라이가 변경된다면, 그 볼을 리플레이스
하기 전에 복원할 수 있다.
- 스트로크 플레이의 경우, 볼을 집어 올려달라는 요구를 받
은 플레이어는 그렇게 하는 대신에 먼저 플레이할 수 있다.

벙커 07

다른 플레이어가 벙커에서 샷한 결과로
자신의 볼이 모래로 덮였다면
원래의 상태로 되돌려 놓을 수 있는가?

☞ 원래 볼이 있었던 상태로 복원이 가능하다[규칙 8.1d(1)].

- 플레이어의 볼이 정지한 후 사람이나 동물, 인공물에 의해
  스트로크에 영향을 미치는 상태가 악화된 경우, 원래의 상
  태와 가능한 한 가장 가까운 상태로 되돌려 놓을 수 있다.
- 그 볼의 지점을 마크한 후 집어 올리고 닦은 후에 원래의
  지점에 리플레이스할 수 있다.

병커에서 금지되는 행동들은 무엇인가?

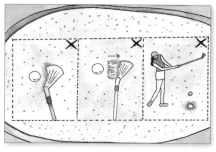

☞ 병커에서 금지되는 행동 4가지[규칙 12.2b(1)]

1) 모래 상태를 테스트하기 위해 고의로 손이나 클럽, 고무
   래 등으로 모래를 건드리는 행동

2) 볼 앞 또는 뒤의 모래를 건드리는 행동

3) 연습 스윙을 하면서 모래를 건드리는 행동

4) 스트로크를 위한 백스윙을 하면서 모래를 건드리는 행동

09

벙커의 턱을 무너뜨려서
수평하게 스탠스를 만드는
행동은 허용되는가?

☞ 일반 페널티 적용(규칙 8.1 위반).

- 이 경우에는 원래의 상태로 되돌려 놓더라도 페널티를 면
할 수 없다.

- 플레이어의 의도된 스탠스구역을 개선하는 행동은 금지
된다(규칙 8.1).

- 스탠스를 만드는 것은 금지되지만 합리적인 정도로 모래
나 흙을 발로 비비듯이 밟고 서는 것을 포함하여 견고하게
스탠스를 취하는 행동은 허용된다[규칙 8.1b(5)].

다른 플레이어가 샷을 하는 동안
순서를 기다리며 벙커 안에서
클럽에 기대어 쉬는 행동은 허용되는가?

☞ 허용된다[규칙 12.2b(2)].

- 잠시 쉬거나 균형을 유지하거나 넘어지지 않기 위하여 클
  럽에 기대기 위하여 벙커의 모래를 건드리는 행동은 허용
  된다.
- 그러나 이러한 행동으로 스트로크에 영향을 미치는 상태가
  개선되면 일반 페널티를 받게 된다.

벙커 11

벙커에서 탈출하지 못하여
화가 나서 모래를 내리쳤다면
페널티가 있는가?

☞ 페널티는 없다[규칙 12.2b(2)].

- 화가 나거나 자신의 플레이에 실망하여 모래를 내리치는
  행동으로 모래에 접촉하더라도 페널티는 없다.
- 이러한 행동으로 스트로크에 영향을 미치는 상태가 개선된
  다면 일반 페널티를 받는다.

12

벙커

벙커 안에 클럽을 던져 두고
플레이했는데, 허용되는 행동인가?

☞ 페널티는 없다[규칙 12.2b(2)].

- 클럽이나 장비, 고무래 등의 물체를 벙커에 던져두거나
  놓아두는 행동으로 모래에 접촉하더라도 페널티는 없다.
- 그러나 이러한 행동으로 스트로크에 영향을 미치는 상태가
  개선되면 일반 페널티를 받는다.

벙커에서 플레이한 후에
벙커를 고르지 않았다면
페널티를 받는가?

☞ 플레이어가 마땅히 해야 하는 행동에는 포함되지만 자동적인 페
널티 부과 대상은 아니다.

- 로컬룰로 행동수칙을 채택한다면 1벌타 또는 일반 페널티
를 부과할 수 있다(규칙 1.2b).

* 골프의 정신에 어긋나는 매우 부당한 행동이라고 판단되
면 경기실격도 가능하다(규칙 1.2a).

벙커

14

다른 플레이어가 벙커 정리를 하지 않아서
그 발자국 안에 플레이어의 볼이
정지했다면 구제받을 수 있는가?

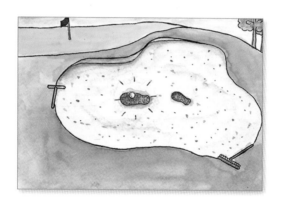

☞ 볼이 놓여 있는 그대로 플레이하거나(규칙 8.1) 플레이할 수
  없다면, 페널티(1벌타 또는 2벌타)를 받고 언플레이어블볼을 선
  언할 수밖에 없다(규칙 19.3).

  － 페어웨이의 디봇 안에 정지한 볼을 그대로 쳐야 하는 규정
    처럼, 벙커 안의 사람·동물 발자국 안에 정지한 볼을 그대
    로 쳐야 한다는 규정도 불공정하다고 비판받는 규칙이다.

벙커 안에서 스트로크한 볼이 다시
벙커 안으로 굴러서 플레이어가 만들어 놓은
발자국에 정지했다면 수리할 수 있는가?

☞ 수리할 수 없다[규칙 8.1d(2)].

– 플레이어 본인이 악화시킨 스트로크에 영향을 미치는 상태
를 개선해서는 안 된다.

* 규칙 8.1d(2): 플레이어의 정지한 볼이 플레이어나 자연물
또는 바람, 물과 같은 자연의 힘에 의하여 스트로크에 영향
을 미치는 상태가 악화된 경우에 복구가 허용되지 않는다.

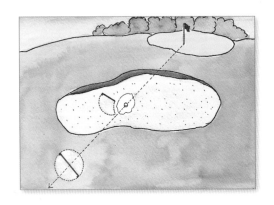

벙커
16

벙커 안의 일시적으로 고인 물에
볼이 빠졌을 경우 어떻게 구제받을 수 있나?

☞ 벙커 안에서 페널티 없는 구제[규칙 16.1c(1)], 또는 벙커 밖에
  서 페널티 구제[규칙 16.1c(2)]를 받을 수 있다.

- 페널티 없는 구제: 완전한 구제나 최대한의 구제를 벙커
  안에서 받는다.

- 페널티 구제: 벙커 밖으로 홀과 볼을 연결한 후방선 구제
  를 받는다(1벌타).

볼이 물로 가득 찬 벙커 안으로 들어갔는데, 구제받을 수 있는가?

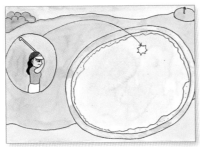

☞ 일시적으로 고인 물로 가득 찬 벙커를 일반구역에 있는 수리지 (규칙 16.1)로 취급하는 로컬룰(모델 로컬룰 F-16)을 도입하여 구제할 수 있다.

– 이러한 로컬룰 도입이 없다면 벙커 안의 일시적으로 고인 물에 대한 구제로 국한된다(공정하지 못한 상황이 야기될 수 있다). (사진출처: R&A 홈페이지)

벙커 안에서 구제를 받고 드롭을 했는데 모래에 박혔다면 다시 드롭할 수 있는가?

☞ 다시 드롭할 수 없다.

　- 잘못된 드롭을 했거나 드롭한 볼이 구제구역 밖으로
　 굴러나가지 않는 한 다시 드롭할 수 없다.

　* 규칙 16.3(2): 규칙에 따라 구제를 받고 볼을 드롭한 결과
　로 그 볼이 지표면 아래에 있을지라도 그 볼은 박힌 볼이 아
　니다.

벙커에서 친 볼이 OB가 된 경우,
다시 벙커 안에서 드롭하고 플레이하기 전에
벙커 안을 고를 수 있는가?

☞ 고를 수 있다.

　- 볼이 벙커 밖에 정지한 상황에서 스트로크와 거리의 구
　　제를 받고 그 벙커에 볼을 드롭하고 플레이할 경우에는
　　아무런 제한 없이 벙커의 모래를 정리할 수 있다[규칙
　　12.2b(3)].

볼이 벙커 안에 있는 고무래에 걸려 정지했다.
고무래를 제거하자 볼이 움직여서
리플레이스해야 하는데, 벙커 안의 홀에
가깝지 않게 리플레이스할 장소가 없다면
어떻게 처리해야 하나?

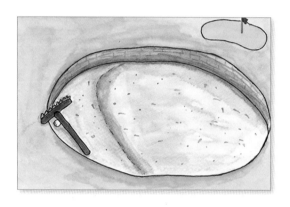

☞ 1벌타를 받고 언플레이어블볼 구제 중 직전에 **스트로크**를 한 곳
　에서 **스트로크**(규칙 19.2a)를 하거나, 2벌타를 받고 벙커 밖에
　후방선 구제(규칙 19.3b)를 받아야 한다(설명 14.2e/1).
　－벙커 안에서 볼이 멈추는 유일한 지점이 홀에 더 가까운
　　지점밖에 없을 경우에는 플레이어는 반드시 페널티 구제를
　　받아야 한다.
　－플레이어가 어떤 지점에 볼을 멈추게 하기 위하여 그 볼을
　　지면 속으로 밀어 넣듯이 놓아서는 안 된다.

11

페널티 없는 구제와 관련된 상황

볼 밑에 놓여 있는
나뭇잎을 제거할 수 있나?

☞ 제거하는 과정에서 볼을 움직이면 1벌타를 받는다(규칙 15.1b).

– 움직인 볼은 반드시 리플레이스해야 한다.

– 퍼팅그린과 티잉구역에서는 이 과정에서 볼이 움직이더라도 페널티는 없다.

– 루스임페디먼트는 코스 안팎 어디에서나 손이나 클럽, 그 밖의 장비를 사용하여 제거할 수 있다(규칙 15.1a).

큰 나뭇가지가 코스에 떨어져 있는데,
방해가 되는 가지의 일부만을
부러뜨려 제거할 수 있나?

☞ 일부 가지만 제거할 수 있다(규칙 15.1a).

- 떨어져 나온 나뭇가지는 루스임페디먼트이다.
- 루스임페디먼트는 그 형태나 크기(예: 도토리나 커다란 돌)
  도 다양하며, 제거하는 수단과 방법에도 제약이 없다.
- 그 일부만을 제거할 수 있으나, 부당한 지연 없이 해야 한다.

퍼팅그린 위에 있는 모래를 수건을 사용하여 제거할 수 있나?

☞ 퍼팅그린 위에서는 제거할 수 있다[규칙 13.1c(1)].

- 모래와 흩어진 흙은 루스임페디먼트(용어의 정의: "루스임
  페디먼트")가 아니기 때문에 있는 그대로 플레이해야 하지
  만 퍼팅그린과 티잉구역에서는 제거할 수 있다.
- 퍼팅그린과 티잉구역 이외에서 모래와 흩어진 흙을 제거하
  여 스트로크에 영향을 미치는 상태를 개선하면 일반 페널
  티를 받게 된다(규칙 8.1a).

04

페널티 없는 구제

볼 바로 옆에 커다란 돌이 놓여 있어서
있는 그대로 플레이할 수 없을 경우
그 돌을 움직여도 되는가?

☞ 움직일 수 있다.

- 바위가 쉽게 뽑혀지지 않는 상태로 지면에 단단히 박혀 있
  지 않는 한 루스임페디먼트이다(용어의 정의: "루스임페디
  먼트").
- 플레이를 부당하게 지연시키지 않는다면 바위를 제거할 때
  다른 사람의 도움도 받을 수 있다(규칙 15.1a).
- 타이거 우즈가 1999년 PGA 투어 피닉스 오픈 4라운드에
  서 루스임페디먼트 판정을 받은 큰 바위를 갤러리의 도움
  을 받아 옮긴 바 있다.

볼이 눈 속에 파묻힌 채로 정지해서 플레이할 수 없다면 구제받을 수 있는가?

☞ **페널티 없이 구제받을 수 있다.**

- 눈은 루스임페디먼트이며, 또한 지면에 있는 경우에는 플레이어의 선택에 따라 '일시적으로 고인 물'로 간주될 수 있다(용어의 정의: "루스임페디먼트").

- 따라서 비정상적인 코스 상태의 방해로 인한 페널티 없는 구제를 받을 수 있다.

볼이 고무래에 기대어 정지한 상태인데, 어떠한 절차로 구제받아야 하나?

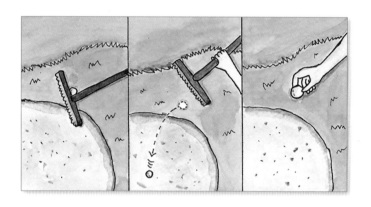

☞ 먼저 고무래를 제거한 후에 볼이 움직인다면 그 볼을 페널티 없이 리플레이스한다.

- 이때 먼저 볼을 집어 올린다면 규칙 9.4b에 따라 1벌타를 받게 되며 그 볼은 리플레이스해야 한다.

* 규칙 15.2a: 플레이어가 움직일 수 있는 장해물을 제거하는 동안 볼이 움직인 경우에 페널티는 없으며 그 볼은 반드시 원래의 지점(그 지점을 알 수 없는 경우에는 반드시 추정)에 리플레이스해야 한다.

페널티 없는 구제
07

볼이 수건 위에 올라가서 정지했는데 어떻게 구제받을 수 있는가?

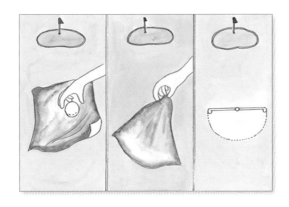

☞ 아래의 5단계 절차에 따라 구제받는다.

1) 먼저 볼을 집어 올리고 수건을 제거한다.

2) 그 볼이 수건 위에 있었던 지점의 바로 아래로 추정되는 지점을 기준점으로 정한다.

3) 그 기준점을 중심으로 한 클럽 길이 이내의 구제구역을 설정한다.

4) 구제구역(기준점과 동일한 코스구역)에 그 볼이나 다른 볼을 드롭한다.

5) 드롭한 볼이 구제구역 안에 정지하면 구제절차는 완료된다.

그린을 향한 플레이 선의 모래함이
실제적인 스윙에는 방해가 없지만
시야에 걸리는데 구제를 받을 수 있는가?

☞구제받을 수 없으며, 그 볼을 있는 그대로 플레이해야 한다.

- 실질적인 방해가 있을 경우에만 구제를 받을 수 있다.

- 모래함이나 카트도로가 방해가 되는 3가지 경우

  1) 볼이 모래함이나 카트도로에 닿아 있거나 그 안이나 위
     에 있는 경우

  2) 모래함이나 카트도로가 플레이어의 의도하는 스윙구역
     에 방해가 되는 경우

  3) 모래함이나 카트도로가 플레이어의 의도하는 스탠스에
     방해가 되는 경우

     → 3가지 방해 중 하나라도 해당되는 경우만 페널티 없
     는 구제를 받을 수 있다(규칙 16.1a).

볼이 카트도로 중앙에 정지했는데,
어느 쪽으로 구제를 받을 수 있는가
(오른손잡이 플레이어의 경우)?

☞ 카트도로 왼쪽으로 구제받아야 한다.

- 파란색 화살표로 표시된 곳이 가장 가까운 완전한 구제
  지점이 된다.
- 오른손잡이 플레이어인 경우에, 카트도로 오른쪽으로 스탠
  스를 취한 후에 잡은 지점은 왼쪽(도로에서 벗어난 지점)
  보다 볼에서 더 멀기 때문에 왼쪽 지점이 가장 가까운 완
  전한 구제지점이 된다(규칙 16.1a).

볼이 카트도로 중앙에 정지했는데,
어느 쪽으로 구제를 받을 수 있는가
(왼손잡이 플레이어의 경우)?

☞ 카트도로 오른쪽으로 구제받아야 한다.

- 파란색 화살표로 표시된 곳이 가장 가까운 완전한 구제
  지점이 된다.

- 왼손잡이 플레이어인 경우에, 카트도로 왼쪽으로 스탠스를
  취한 후에 잡은 지점은 오른쪽(도로에서 벗어난 지점)보다
  볼에서 더 멀기 때문에 오른쪽 지점이 가장 가까운 완전한
  구제지점이 된다(규칙 16.1a).

카트도로에서 구제를 받고자 가장 가까운
완전한 구제지점을 결정했는데 그쪽에는
커다란 나무숲이 있어서 그린을 향하여
플레이할 수 없다면 다른 쪽으로
구제를 받아도 되는가?

☞ 다른 쪽으로는 구제를 받을 수 없다.

- 가장 가까운 완전한 구제지점은 단 하나의 기준점이며, 그
지점이 플레이하기 좋은 라이를 보장하는 것은 아니다(용
어의 정의: 설명 "가장 가까운 완전한 구제지점"/4).

- 구제를 받을 때는 구제받기 전과 동일한 조건을 유지해야
할 필요는 없다. 구제받기 전보다 플레이하게 되는 상황이
구제를 받은 후에 더 좋아질 수도, 나빠질 수도 있다(설명
16.1/1).

카트도로 위에 있는 볼을 구제받기 위한 가장 가까운 완전한 구제지점을 실제로 잡을 수 없는 상황인데, 어떻게 처리해야 하나?

☞ 실질적으로 잡을 수 없다면, 그 지점을 추정해야 한다.

- 구제구역은 그 추정 지점을 기준점으로 설정된다.
- 만일 실제적으로 볼을 그 구제구역에 드롭할 수 없다면 플레이어는 규칙 16.1에 따른 구제를 받을 수 없다(용어의 정의: 설명 "가장 가까운 완전한 구제지점"/5).

카트도로 위에 있는 볼을 구제받고자
집어 올렸으나, 구제를 받으면 관목숲 속이어서
플레이하기가 어려운 상황이다.
볼을 원래의 위치에 리플레이스하고 싶은데,
페널티는 없는가?

☞ 1벌타를 받고(규칙 9.4b) 리플레이스할 수 있다.

- 페널티 없는 구제가 가능하여 볼을 집어 올렸으나 구제를
  받지 않기로 결정하면, 그 볼을 집어 올릴 수 있는 권리도
  없어진 것이다.

- 볼을 집어 올린 후 선택할 수 있는 플레이어의 선택사항
  (설명 9.4b/4).

  1)원위치에 리플레이스(1벌타), 2)리플레이스하고(1벌타), 언
  플레이어블볼(1벌타), 3)그대로 언플레이어블볼 처리(합계
  2벌타), 4)도로 구제받은 후에 언플레이어블볼(1벌타), 5)
  직전에 스트로크한 곳으로 되돌아가서 스트로크와 거리 구
  제(1벌타).

카트도로에 의한 방해로부터 구제를 받았는데
카트도로가 발뒤꿈치에 걸린 상태에서
그대로 스트로크한 것은 허용되는가?

☞ 허용되지 않는다(일반 페널티 적용).

- 반드시 카트도로로 인한 모든 방해로부터 완전한 구제를
  받아야 한다. 구제를 받은 후에도 어떠한 방해가 여전히
  존재한다면 그 볼은 잘못된 장소에 있는 볼이다.
- 이 경우에 시정하지 않고 플레이한다면, 플레이어는 구제
  구역을 적절하게 결정하지 못해서 잘못된 장소에서 플레이
  한 것에 대하여 일반 페널티를 받는다(설명 14.7b/2).

볼이 일시적으로 고인 물 안에 정지하였는데, 어떻게 구제받을 수 있나?

☞ 아래의 4단계 절차에 따라 구제받는다.

1) 가장 가까운 완전한 구제지점을 결정한다.

2) 그 기준점을 중심으로 1클럽 길이 이내의 구제구역을 설정한다.

3) 구제구역(기준점과 동일한 코스구역)에 그 볼이나 다른 볼을 드롭한다.

   - 일반구역은 일반구역에서, 벙커라면 벙커 안에서 구제받아야 한다.

   - 볼이 페널티구역 안에 있을 때는 구제받을 수 없다.

4) 올바르게 드롭된 볼이 구제구역 안에 정지하면 구제절차는 완료된다.

연산홍 때문에 홀을 향해 플레이할 수 없어서
왼손으로 플레이하려고 하니 카트도로가
스탠스에 방해가 되는데, 구제받을 수 있는가?

☞ 구제받을 수 있다.

- 왼손 스윙을 기준으로 가장 가까운 완전한 구제지점을 정
  하고, 구제구역(한 클럽 길이 이내)을 설정하여 구제를 받
  는다.
- 상황에 따라서 연산홍 더미 속에 구제구역이 설정될 수도
  있다.

나무로 인해 오른손으로 플레이할 수 없어서
왼손으로 스트로크하려고 하는데
일시적으로 고인 물이 스탠스에 방해가 되어서
구제를 받았다. 구제를 받은 후에 오른손으로
플레이할 수 있는가?

☞ 플레이할 수 있다.

- 비정상적인 스트로크가 그 상황에서 분명히 합리적이라면,
  규칙 16.1에 따라서 벌 없는 구제를 받을 수 있다.
- 왼손 스윙의 구제를 받은 후에 다음 스트로크를 할 때 정상
  적인 오른손 스윙을 할 수 있다. 이 상황에서 오른손 스윙
  에 다시 방해를 받을 경우에는 1)그대로 플레이할 수도 있
  고, 2)다시 구제를 받을 수도 있다[설명 16.1a(3)/1].

볼이 그린 주변에 깊게 파인 디봇자리에
정지했는데, 볼 근처에 수리지가 있어서
스트로크할 때 평상시보다 넓게 스탠스를
취할 경우, 그 수리지가 방해가 된다.
구제를 받을 수 있는가?

☞ 플레이하기에 명백하게 불합리한 경우에는 구제를 받을 수 없다
[규칙 16.1(3)].

- 플레이어가 그러한 상황에서 선택하기에 명백하게 불합리
한 클럽, 스탠스, 스윙, 플레이 방향을 선택할 때에만 비정
상적인 코스상태로부터 방해를 받는 경우에는 구제를 받을
수 없다.

- 어떤 상태로부터 구제를 얻어내기 위하여 명백하게 불합리
한 스트로크를 사용해서는 안 된다[설명 16.1a(3)/2].

페널티 없는 구제

19

수리지 안에 있는 나무 위에 정지한 볼의 바로 밑이 수리지 밖이라도 구제가 가능한가?

☞ 페널티 없는 구제를 받을 수 있다.

- 수리지의 경계 안에 있는 모든 지면과 수리지 안에 뿌리를 둔 풀이나 나무, 그 안에서 자라거나 붙어 있는 모든 자연물 및 수리지의 경계 밖 지면 위로 뻗어나간 자연물의 모든 부분은 수리지이다(용어의 정의: "수리지").

- 수리지에 뿌리를 둔 나뭇가지 위에 있는 볼은 수리지 안에 있는 볼이다.

- 구제구역을 결정하기 위한 기준점은 나무 위에 있는 볼의 바로 수직 아래에 있는 지면 위의 지점이 된다(용어의 정의: 설명 "수리지"/2).

볼이 일반구역의 지면에 박혔는데 구제가 가능한가?

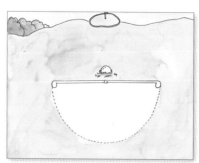

☞ 페널티 없는 구제를 받을 수 있다.

- 볼의 일부가 그 자체의 피치마크에 박힌 상태로 지표면 아래에 있으면 박힌 볼이다.

- 기준점: 그 볼이 박힌 지점 바로 뒤의 지점이 기준점이다.

- 구제구역: 기준점으로부터 한 클럽 길이 이내의 구제구역 을 설정한다.

- 그 구제구역은 반드시 일반구역에 있어야 한다(규칙 16.3b).

- 잔디길이가 페어웨이 잔디 길이보다 긴 일반구역의 모래에 박힌 경우는 구제받을 수 없다.

티샷한 볼을 찾을 수 없는데 플레이어는
볼이 깊이 박힌 것으로 생각하고 있다.
이 경우에 박힌 볼 구제를 받을 수 있나?

☞ **구제를 받을 수 없다.**

- 박힌 볼에 대한 구제는 1)볼이 3분 안에 발견되고, 2)그 볼
  이 박힌 볼로 판정되어야 받을 수 있다.
- 볼을 찾기 시작한 후 3분 안에 발견하지 못하면, 직전의
  스트로크를 한 곳으로 되돌아가서 스트로크와 거리 구제(1
  벌타)를 받아야 한다.

볼이 벙커 바로 위의 턱에 박혔는데,
박힌 볼 구제를 받을 수 있나?

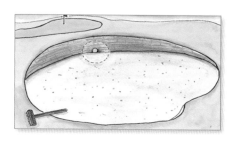 

☞ **구제를 받을 수 있다.**

- 벙커의 벽이나 측면의 흙에 박혀 있는 볼은 벙커에 있는
  볼(규칙 12.1)이 아니고 일반구역에 박힌 볼이므로 구제
  가 가능하다(설명 16.3b/1).

- 위의 그림처럼 볼 바로 뒤의 지점이 일반구역이 아닌 경우
  에 박힌 볼의 구제를 위해서 구제구역을 정하는 기준점을
  찾기 위하여 좌우로 멀어질 수도 있다.

  예1: 벙커 바로 위 턱에 박힌 볼

  예2: 볼 바로 뒤가 벙커 안

  예3: 페널티구역 바로 밖에 박힌 볼

  예4: OB 바로 옆에 박힌 볼

- 다만 모델 로컬룰(F-2.2)에 근거하여 벙커 턱에 박힌 볼은
  페널티 없는 구제를 제한할 수 있다.

볼이 말벌집이 있는 곳에 정지했는데, 구제를 받을 수 있는가?

☞ 볼이 페널티구역 이외의 곳에 있을 때는 항상 페널티 없는 구제를 받을 수 있으며(규칙16.2b), 볼이 페널티구역에 있을 때는 1)페널티구역 안에서 페널티 없는 구제를 받거나, 2)규칙 17.1d에 따라 페널티구역 밖에서 페널티 구제를 받을 수 있다.

- '위험한 동물이 있는 상태'란 플레이어가 볼을 놓인 그대로 플레이할 경우, 그 볼 가까이에 있는 위험한 동물(예: 독사·말벌·악어·불개미·곰…)이 플레이어에게 심각한 신체적 위해를 가할 수 있는 상황을 말한다.
- 기준점은 위험한 동물이 있는 상태가 존재하지 않는 가장 가까운 완전한 구제지점을 의미한다(규칙 16.2b).

볼이 플레이 금지구역 밖의 일반구역에 있으나
그 볼을 스트로크하려면 플레이 금지구역이
스탠스에 방해가 되는데, 반드시 구제를
받아야 하는가?

☞반드시 구제를 받아야 한다.

- 기준점: 일반구역에 있는 가장 가까운 완전한 구제지점

- 구제구역의 크기: 기준점으로부터 한 클럽 길이 이내의 구역

- 구제구역의 위치제한: 일반구역

* 페널티 없는 구제를 받을 수 없는 경우에는 규칙 19에 따
라 언플레이어블볼 구제를 받아야 한다[규칙 16.1f(2)].

동물이 구멍을 파면서 쌓인 흙 위에 볼이 정지했는데, 구제받을 수 있는가?

☞ **페널티 없는 구제가 가능하다.**

– 동물이 구멍을 파면서 쌓인 흙은 비정상적인 코스 상태이다.

– 동물이 판 구멍이란, 루스임페디먼트로 규정된 동물(예: 벌레, 곤충)을 제외한 동물이 지면에 판 구멍을 말하며, 동물이 그 구멍을 팔 때 떨어져 나온 부스러기, 그 구멍을 드나든 흔적이나 자국, 땅속으로 구멍을 파느라 불룩하게 솟아오르거나 변형된 지면의 모든 부분이 포함된다(용어의 정의: "비정상적인 코스 상태", "동물이 판 구멍").

볼이 트랙터 바퀴 자국에 정지했는데 어떻게 처리할지를 모를 경우, 두 개의 볼로 플레이할 수 있는가?

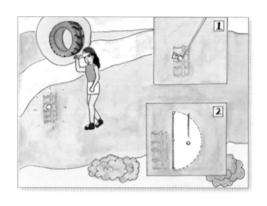

☞ 스트로크 플레이에서만 두 개의 볼로 플레이할 수 있다[규칙 20.1c(3)].

1)원래의 볼이나 다른 볼을 있는 그대로 플레이하거나 2)원래의 볼이나 다른 볼로 비정상적인 코스 상태로부터 구제를 받아 플레이한다.

* 두 개의 볼을 플레이하는 절차

1) 스트로크를 하기 전에 두 개의 볼을 플레이할 것인지의 여부를 결정한다.

2) 어떤 볼을 유효한 볼로 할 것인지 선택하여 스트로크 전에 마커 등에게 그 사실을 알려준다.

3) 반드시 스코어카드 제출 전에 위원회에 이 상황을 보고한다.

12

페널티구역과 관련된 상황

코스에서 페널티구역이란?

페널티구역
01

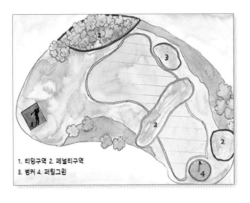

1. 티잉구역 2. 페널티구역
3. 벙커 4. 퍼팅그린

☞ 워터 해저드(2016 규칙)라는 용어를 확대 적용하여 새로 도입된
개념이다.

- 플레이어의 볼이 들어가서 정지하면, 1벌타를 받고 구제를
받을 수 있는 구역을 말한다.

- 물 있는 지역은 물론이고, 물 없는 지역인 사막, 정글, 바위
지역 등에도 적용된다.

- 페널티구역은 4개의 특수구역 중 하나이며, 위 그림에서 2에
해당한다.

- 말뚝이나 선의 색깔로 구별하며, 빨간 페널티구역과 노란
페널티구역으로 구성되어 있다.

깊은 숲속에서 볼을 찾았으나
물은 없는데 빨간 페널티구역으로
표시되어 있다면, 어떻게 처리해야 하나?

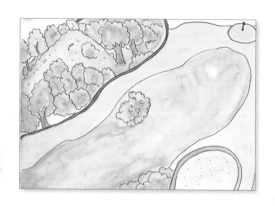

☞ 그 볼은 페널티구역 안에 있는 볼이다.

- 물이 없는 구역(예: 산악지역, 숲 등)도 페널티구역으로 설
정 가능하다.
- 산악지역이나 숲을 페널티구역으로 표시하는 것은 경기
(competition)를 제외한 일반적인 플레이(General play: 예
를 들어 주말골퍼들이 즐기는 명랑골프)에 적용해야 한다.
- 그 구역 안에 정지한 볼은 플레이가 가능하다면 있는 그대
로 플레이하거나, 페널티구역으로부터 구제(1벌타)를 받고
플레이할 수 있다.

페널티구역 안에 있는 볼은
어떻게 판정하는가?

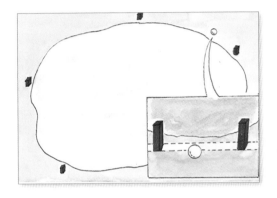

☞페널티구역은 말뚝 또는 선으로 표시한다. 볼의 일부라도 기준
선에 걸쳐 있으면, 그 볼은 페널티구역 안에 있는 볼이다.

- 페널티구역에 있는 볼을 판단하기 위한 기준선

  1) 말뚝: 말뚝과 지면의 가장 바깥쪽 접점들을 이은 선으로
     규정된다.

  2) 선: 그 선의 외곽선이 경계가 된다.

  이와 같은 말뚝이나 선은 페널티구역 안에 있는 것이다.

- 위 그림에서 볼이 빨간 페널티구역 안에 일부가 접촉하고
  있기 때문에 빨간 페널티구역의 규칙이 적용된다.

페널티구역
04
페널티구역 안의 나무 위에 있는 볼은 어떻게 판정하는가?

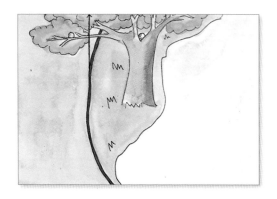

☞ 왼쪽에 있는 볼은 페널티구역 밖에 있는 볼, 오른쪽에 있는 볼은 페널티구역 안에 있는 볼이다.

– 페널티구역의 경계(위 그림에서 빨간선)는 지면으로부터 위와 아래, 양 방향으로 연장된다(용어의 정의: "페널티구역").

– 페널티구역의 경계 안팎으로 양쪽에 걸쳐 있는 경우에 그 경계 안에 있는 부분만 페널티구역의 일부이다.

페널티구역

05

페널티구역에서 흘러 넘친 물속에 있는 볼은 어느 구역에 있는 볼인가?

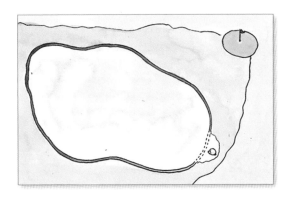

☞ 일시적으로 고인 물(비정상적인 코스 상태)에 놓여 있는 볼이다.

  － 빨간 페널티구역 경계가 분명히 표시되어 있고, 페널티
    구역의 수역에서 흘러 넘친 물이기 때문에 이 볼은 일시적
    으로 고인 물속에 있는 것이다(용어의 정의: "일시적으로
    고인 물").

페널티구역과 벙커 양쪽에 걸쳐 있는 볼은 어디에 있는 볼인가?

☞ 볼의 일부라도 빨간 페인트 선 위에 놓여 있다면 그 볼은 페널티 구역 안에 있는 볼이다(규칙 2.2c).

  － 이 볼은 빨간 페널티구역 구제를 받을 수 있으나 비정상적 인 코스 상태, 움직일 수 없는 장해물, 박힌 볼, 언플레이 어블볼 구제를 받을 수 없다(규칙 17.3).

  － 코스의 서열은 페널티구역 〉 벙커 〉 퍼팅그린 순이다.

페널티구역에서 볼을 있는 그대로
플레이할 때 금지되는 행동이 있는가?

☞ 금지되는 행동은 없다.

- 페널티구역에서 볼을 있는 그대로 플레이할 때 제한하는
  특정한 규칙은 없으며(규칙 17.1b), 일반구역에 있는 볼과
  마찬가지로 취급할 수 있다. 따라서 스트로크하기 전, 또
  는 스트로크할 때 수면이나 지면 접촉이 가능하며 루스임
  페디먼트나 움직일 수 있는 장해물을 제거할 수 있다.

백스윙 중에 클럽으로
페널티구역 안의 풀을 접촉했는데
허용되는 행동인가?

☞ 허용된다.

- 일반구역에 있는 볼과 마찬가지로 취급되며, 따라서 스트
  로크하기 전, 또는 스트로크할 때 수면이나 지면 접촉이
  가능하다. 다만 백스윙 중에 풀에 접촉하는 행위로 인해서
  스트로크에 영향을 미치는 상태를 개선해서는 안 된다.

페널티구역 구제를 받을 수 있는
3가지 조건은?

☞ 플레이어가 페널티구역에 들어간 볼에 대하여 구제를 받기 위해서는 다음과 같은 조건에 해당해야 한다.

1) 자신이 플레이한 볼을 페널티구역 안에서 3분 안에 찾는다.

2) 자신이 플레이한 볼을 발견하지 못했더라도 그 볼이 페널티구역 안에 있다는 사실을 안다(예: 목격자가 있다).

3) 볼을 발견하지 못했더라도 그 볼이 페널티구역에 있다는 사실상 확실성이 존재한다.

   – 약간의 의심은 가지만 볼이 페널티구역 안에 있을 확률이 정황상 95퍼센트 이상이다.

* 이러한 조건 중 하나라도 해당되지 않는다면 그 볼은 전에 스트로크한 곳에서 다시 플레이해야 한다(페널티구역 밖에서 분실된 볼로 처리하여 스트로크와 거리구제를 받는다).

사실상 확실성은
어떠한 상황에서 적용되는가?

☞ **사실상 확실성 기준 (Virtual Certainty Standard)**

- 사실을 규명함에 있어서 약간 불확실하지만 합리적으로 가능한 모든 정보를 활용하여 결정하였다면 그 사실을 인정하여 해당 규칙을 적용한다.
- 사실상 확실성 기준이 적용되는 상황
  1) 볼이 페널티구역에 들어갔는지의 사실 여부를 판단할 때 (규칙 17.1c)
  2) 볼이 움직였는지의 사실 여부를 판단할 때(규칙 9.2a)
  3) 볼이 움직인 원인을 규명할 때[규칙 9.2b(2)]
  4) 발견되지 않은 볼이 '움직일 수 있는 장해물' 또는' 비정상적인 상태' 안에 정지하였다는 사실 여부를 판단할 때 (규칙 15.2b, 16.1e); TIO(MLR F-23)
  5) 플레이어의 볼이 다른 플레이어의 잘못된 볼로 플레이되었는지 여부를 판단할 때[규칙 16.3c(2)]
  6) 플레이어의 움직이는 볼이 고의로 어떤 사람에 의해서 방향이 변경되거나 멈추었는지 여부를 판단할 때(규칙 11.2a)
- 증거는 합리적인 노력으로 부당한 지연 없이 수집해야 한다.
- 결정적인 증거(예: 목격자의 증언)나 최소한 95퍼센트 정도의 가능성을 보여주는 이용 가능한 정보가 있어야 한다.

페널티구역
11

볼이 페널티구역에 들어간 사실을
확인하지 않고서도 사실상 확실성에
근거하여 페널티구역 구제를
받을 수 있는가?

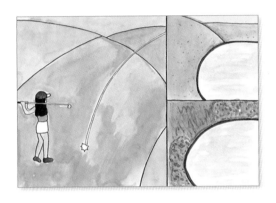

☞ 구제를 받을 수 있다.

– 플레이어의 볼이 페널티구역 방향으로 갔으나 발견되지 않
은 경우, 페널티구역의 주변 상황으로 볼 때 그 방향으로
간 볼이 페널티구역에 있을 수밖에 없다는 것이 사실상 확
실한 경우, 페널티 구제를 받을 수 있다(규칙 17.1c).

1) 오른쪽 위 상황: 페널티구역의 주변 상황이 잔디가 짧게
깎여 있고 경사 때문에 그 방향으로 온 볼은 페널티구
역에 있다는 것이 사실상 확실하므로 구제 가능하다.

2) 오른쪽 아래 상황: 페널티구역의 주변 상황이 볼이 분실
될 가능성이 있기 때문에 찾는 시간 3분 안에 볼을 발
견하지 못하면 분실된 볼이 되며, 스트로크와 거리 구제
를 받아야 한다.

볼이 페널티구역에 있다는 것이
사실상 확실하여 페널티 구제를 받고
드롭했는데 원래의 볼을 페널티구역 밖에서
발견했을 경우의 처리방법은?

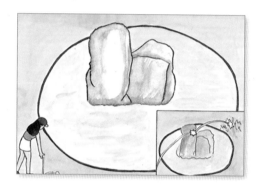

☞ 드롭한 볼로 플레이를 계속 해야 한다.

- 플레이어의 볼이 페널티구역 방향으로 갔고 최선을 다해서
  합리적인 판단을 한 후에 그 볼이 페널티구역에 있다는 것
  이 사실상 확실하여 드롭을 했는데 그 후에 그 볼이 바위
  를 맞고 페널티구역 밖에 있다는 사실을 알게 되었더라도
  드롭한 볼로 계속 플레이해야 한다.
- 플레이어의 볼이 발견되지 않았지만 그 볼이 페널티구역에
  정지해 있다는 것을 알고 있거나 사실상 확실한 경우에 페널
  티 구제를 받을 수 있다. 이러한 구제 절차에 따라서 다른
  볼을 인플레이한 경우에는 원래의 볼이 3분 안에 발견되더
  라도 그 볼을 플레이해서는 안 된다(규칙 17.1c).

볼이 빨간 페널티구역에 있다는 것이
사실상 확실하여 동반한 플레이어들과 상의하여
그 페널티구역의 마지막 경계를 최후로 통과한
지점을 추정하여 측면 구제를 받아 볼을 드롭한 후
그 볼을 플레이하기 전에 원래의 볼을 발견했는데,
추정지점보다 홀에 20야드 정도 가까웠다면
어떻게 처리해야 하는가?

☞ 올바른 기준점을 결정하여 다시 드롭해야 한다[설명 17.1d(3)/2].

  - 드롭한 볼을 플레이하기 전이라면 플레이어는 반드시 규칙
    14.5에 따라 잘못을 바로잡아야 한다.
  - 드롭한 볼을 플레이하였더라도 페널티는 없다.

볼이 페널티구역으로 들어간 경우에 구제를 받을 때, 그 출발점은 어디인가?

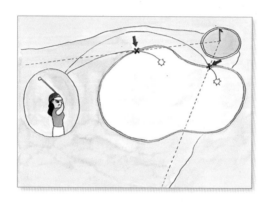

☞ 원래의 볼이 페널티구역 안에 정지한 지점이 아니라 페널티구역
의 경계를 마지막으로 통과한 것으로 추정되는 지점(위의 그림
에서 X지점)이다.

 - 페널티구역의 경계를 마지막으로 통과한 것으로 추정되는
   지점을 결정할 때는 플레이어의 합리적 판단 기준이 적용
   된다.
 - 볼이 페널티구역을 마지막으로 통과한 지점은 측면구제를
   받을 경우에는 기준점(reference point)이 된다.

페널티구역
15

합리적 판단 기준은
언제 적용되는가?

☞ 플레이어의 합리적 판단 기준 (Reasonable Judgment Standard)

- 규칙을 적용할 때 위치를 결정함에 있어서 신속하고 정확하게 위치를 결정하려고 최선의 노력을 다하여 구제를 받고 스트로크했는데, 그 후에 그 위치가 잘못된 장소였다고 판명되더라도(예: 비디오 증거에 의해서) 페널티 부과가 면책된다[규칙 1.3b(2)].

- 합리적 판단 기준 적용 상황

  1) 페널티구역을 최종적으로 넘어간 지점을 추정할 때
  2) 구제 시 드롭하거나 플레이스할 지점을 추정·측정할 때
  3) 볼을 원위치에 리플레이스할 때
  4) 볼이 놓여 있는 코스의 구역을 결정할 때
  5) 볼이 비정상적인 코스 상태에 닿아 있거나 그 안이나 위에 있는지 결정할 때

- 위치 추정이 잘못되었다는 사실을 스트로크하기 전에 알았다면 반드시 시정해야 한다[설명 17.1d(3)/2].

노란 페널티구역에 빠진
볼에 대한 구제방법은?

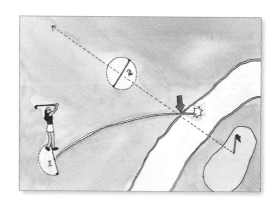

☞ **1벌타를 받고 다음의 2가지 구제방법 중에서 선택하여 플레이**
할 수 있다.

1) 원위치(스트로크와 거리 구제): 직전에 스트로크한 곳을
   기준점으로 하여 1클럽을 측정한 구제구역에 드롭하고
   플레이한다.

2) 후방선 구제: 볼이 페널티구역의 경계를 마지막으로 통과
   한 것으로 추정되는 지점과 홀을 연결한 후방선상에 드
   롭하고, 그 볼이 지면에 닿은 지점으로부터 어느 방향으
   로든 한 클럽 길이 이내의 구역에서 플레이한다.

페널티구역에서의
후방선 구제는 어떻게 받는가?

☞ 볼이 페널티구역의 경계를 마지막으로 통과한 것으로 추정되는
  지점과 홀을 연결한 후방선상에 볼을 드롭하고 플레이한다.

  - 구제구역은 그 후방선상에 볼이 드롭될 때 최초로 지면에
    닿은 지점으로부터 어느 방향으로든 한 클럽 길이 이내의
    구역으로 결정된다.

  - 구제구역은 그 페널티구역 이외 코스의 어떤 구역일지라도
    허용된다.

  - 구제구역은 그 볼이 드롭될 때 최초로 지면에 닿은 구역과
    동일한 코스의 구역에 있어야 한다.

페널티구역에 빠진 볼에 대하여
후방선 구제를 받기 위하여 볼을 드롭했는데
구제구역 밖으로 굴러갔다. 앞으로 나아가서
두 번째 드롭을 할 수 있는가?

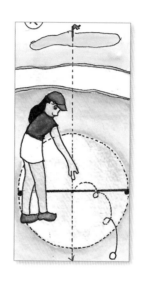

☞ 후방선 위에서 앞뒤의 지점을 선택하여 볼을 드롭할 수 있다.

- 후방선 구제를 위해 두 번째 드롭을 해야 하는 상황에서
  적용된다.

- 두 번째 드롭을 할 때 처음의 볼을 드롭한 후방선상의 지
  점보다 홀에 더 가깝게, 또는 홀로부터 더 먼 후방선상의
  지점을 선택하여 볼을 드롭할 수 있다[설명 14.5b(1)/1].

퍼팅그린에서 실수로 너무 세게 스트로크하여
그 볼이 경사를 타고 노란 페널티구역에 들어갔다면
어디에서 플레이해야 하는가?

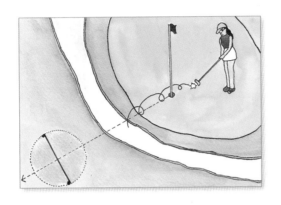

☞ 퍼팅그린에서 다시 플레이(1벌타)할 수 있다.

  1) 퍼팅그린에서 직전의 스트로크를 한 지점에 볼을 플레이
     스하고 플레이한다(1벌타: 스트로크와 거리 구제).
     ‒ 볼이 멈춘 지점이 직전의 스트로크를 한 지점보다 더 멀더
       라도 퍼팅그린에서 다시 한 번 칠 수 있다(설명 19.2a/1)
  2) 볼이 노란 페널티구역의 경계를 마지막으로 통과한 지점
     과 홀을 연결한 후방선상에 볼을 드롭하고, 그 볼이 지면
     에 닿은 지점으로부터 어느 방향으로든 한 클럽 길이 이
     내의 구역에서 플레이한다[규칙17.1d(2)].

그린 뒤 벙커에서 친 샷이
퍼팅그린을 맞고 밑으로 굴러서
노란 페널티구역에 빠졌다.
어떻게 처리해야 하나?

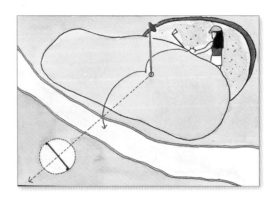

☞ 벙커에서 스트로크와 거리 구제를 받을 수 있다(1벌타).

  – 두 번째 선택사항으로 노란 페널티구역에 빠진 볼에 대해
    서 후방선 구제(1벌타)를 받을 수 있다.

파 3홀에서 티샷한 볼이
페널티구역 안에 있는 다리 위에
정지했다면 어떻게 처리해야 하나?

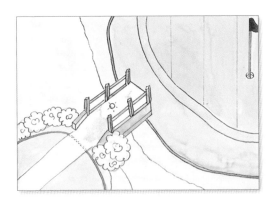

☞ 페널티구역 안에 있는 볼이며 그대로 다리 위에서 플레이하거나
노란 페널티구역 구제(1벌타)를 받고서 플레이할 수 있다.

- 볼이 페널티구역 안에 있는 경우에 1) 비정상적인 코스 상
  태로 인한 방해, 2) 박힌 볼, 3) 언플레이어블볼 등에 대하
  여 구제를 받을 수 없다[규칙 17.3].

- 페널티구역에서 플레이어가 선택할 수 있는 유일한 구제방
  법은 규칙 17에 따른 페널티 구제뿐이다.

빨간 페널티구역에 빠진
볼에 대한 구제방법은?

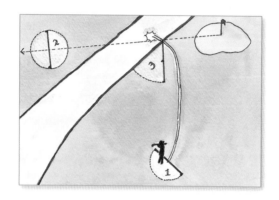

☞ 1벌타를 받고 다음 3가지 구제방법 중에서 1가지 방법을 선택할
수 있다(규칙 17.1d).

1) 원위치: 직전에 스트로크한 곳을 기준점으로 하여 1클럽
을 측정한 구제구역에 볼을 드롭하고 플레이한다.

2) 후방선: 볼이 페널티구역의 경계를 마지막으로 통과한 것
으로 추정되는 지점과 홀을 연결한 후방선 위의 한 곳에
볼을 드롭하고, 그 볼이 지면에 닿은 지점으로부터 1클럽
길이 이내의 구역에서 플레이한다.

3) 측면 구제: 볼이 페널티구역의 경계를 마지막으로 통과한
것으로 추정되는 지점에서 2클럽 길이를 측정한 구제구
역에 볼을 드롭하고 플레이한다.

빨간 페널티구역에서 측면 구제를 받을 때,
맞은편 등거리에서도 구제받을 수 있는가?

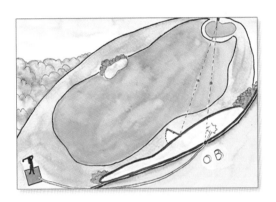

☞ 모델 로컬룰 B-2.1이 도입되어 있지 않다면 구제받을 수 없다.

* 모델 로컬룰 B-2.1: 규칙 17.1d에 따라 구제를 받을 때,
스트로크와 거리 구제를 받는 것 외에는 합리적으로 선택할
수 있는 방법이 없어서 플레이어가 심각하게 불이익을 당할
수도 있는 경우(예: 빨간 페널티구역이 코스의 경계에 바짝
붙어 있는 경우), 빨간 페널티구역에 대한 구제에 추가적인
선택사항으로 건너편 등거리에서의 측면 구제를 허용할 수
있다.

코스와 나란히 있는 좁은 폭의
빨간 페널티구역에 볼이 빠졌다.
측면 구제를 받을 때, 페널티구역을
가로질러서 2클럽 길이로 측정하여
맞은편에 드롭하고 싶은데 가능한가?

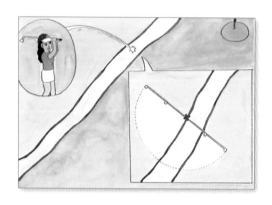

☞ 가능하다[설명 17.1d(3)/1].

- 폭이 좁은 빨간 페널티구역의 경계를 마지막으로 통과한 지
  점을 구제구역의 기준점으로 설정한다.
- 페널티구역에 걸쳐서 기준점으로부터 두 클럽 길이 이내의
  구제구역을 설정하여 측면구제를 받을 수 있다.
- 두 클럽 길이의 구제구역에 페널티구역의 일부가 포함되는
  경우, 그 페널티구역의 일부는 구제구역의 일부가 아니다.

페널티구역에 빠진 볼에 대해
측면 구제를 받을 때, 구제구역에
퍼팅그린이 포함된 경우, 퍼팅그린에
볼을 드롭할 수 있는가?

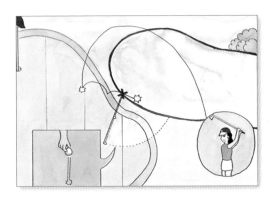

☞ 1페널티를 받고 퍼팅그린에 드롭하여 구제받을 수 있다.

- 빨간 페널티구역에 빠진 볼에 대한 측면 구제를 받을 경우
  에 기준점으로부터 두 클럽 길이 이내의 구제구역이 두 가
  지 이상의 코스로 이루어져 있을 때, 그 볼은 반드시 그 볼
  이 드롭될 때 처음 지면에 닿은 구역과 동일한 코스의 구
  역에 있는 구제구역에 정지해야 한다[규칙17.1d(3)].
- 구제구역은 그 페널티구역 이외 코스의 어떤 구역에나 있
  을 수 있다.

볼이 페널티구역 안에 있는데
움직일 수 없는 장해물이 방해가 되는
상황인 경우, 구제받을 수 있는가?

☞ 구제받을 수 없다.

- 볼이 페널티구역 안에 있을 때는 비정상적인 코스 상태나
  박힌 볼, 언플레이어블볼 구제를 받을 수 없다(규칙 17.3).
- 있는 그대로 플레이하거나 페널티구역 구제를 받아야 한다.
- 모델 로컬룰 F-24(페널티구역에서 움직일 수 없는 장해물
  로부터 페널티 없는 구제를 받는 경우)가 도입된 경기에서
  는 페널티구역 안에서 페널티 없이 구제받을 수 있다.

볼이 페널티구역 밖에 있는데
페널티구역 안에 있는, 움직일 수 없는
장해물이 스윙에 방해가 될 경우
구제받을 수 있나?

☞ 페널티 없는 구제를 받을 수 있다(규칙 16.1b).

- 볼이 일반구역에 있고 코스(페널티구역 포함) 위의 움직일
  수 없는 장해물(예: 나무 지주목)이 방해가 될 경우에는 페
  널티 없는 구제를 받을 수 있다.

- 플레이어는 페널티구역 밖에 있는 볼을 플레이하기 위하여
  그 페널티구역 안에 설 수 있다. 또한 페널티구역으로부터
  구제를 받은 후에 구제받은 볼을 플레이하기 위하여 그 페
  널티구역 안에 설 수 있다(규칙 17.1).

그린을 공략한 샷이 노란 페널티구역을 넘어갔다가 뒤로 굴러서 빠졌다. 플레이어가 빨간 페널티구역으로 착각하여 노란 페널티구역을 마지막으로 넘어간 지점을 기준점으로 선정하고 측면 구제를 받고 플레이를 한 경우, 어떻게 처리해야 하나?

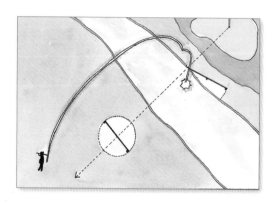

☞ 잘못된 장소에서 플레이한 것이며 이는 중대한 위반에 해당한다.

- 잘못을 반드시 시정해야 한다. 시정하지 않으면 실격의 페널티를 받는다(규칙14.7b).
- 그림에서의 상황은 원위치에서 다시 플레이하거나, 후방선 구제를 받아야 한다.
- 다른 홀에서 스트로크를 하기 전이나 마지막 홀인 경우에 스코어카드를 제출하기 전에 반드시 시정해야 한다.

올바르게 드롭하여 구제구역에 정지한 볼이
샷을 준비하는 동안 경사에 의해 다시
페널티구역 안으로 굴러 떨어졌다면
어떻게 처리하나?

☞ 그 볼은 반드시 원래의 지점에 리플레이스해야 한다(규칙 9.3
예외2).

- 플레이어가 볼을 드롭하거나 플레이스하거나 리플레이스
하여 그 볼이 플레이 상태가 되었는데, 자연의 힘이 그 정
지한 볼을 움직여서 코스의 다른 구역 또는 OB에 정지하
게 한 경우에 그 볼은 반드시 원래의 지점에 리플레이스해
야 한다.

페널티구역에서 플레이한 볼이
같은 페널티구역에 정지한 경우의 처리방법은?

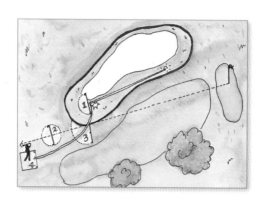

☞ 1벌타를 받고 다음 중 선택하여 플레이한다(규칙 17.2a).

1) 직전의 스트로크를 한 곳을 기준점으로 1클럽을 측정한
   구제구역에 드롭하여 플레이한다(만일 드롭한 볼을 플레
   이하지 않기로 결정한 경우에는 1벌타를 추가하여 2),
   3), 4)의 방법 선택 가능)

2) 후방선: 볼이 페널티구역의 경계를 마지막으로 통과한 것
   으로 추정되는 지점과 홀을 연결한 후방선상에 볼을 드롭
   하고 플레이한다.

3) 측면 구제: 볼이 페널티구역의 경계를 마지막으로 통과한
   것으로 추정되는 지점에서 2클럽 길이를 측정한 구제구
   역에 드롭하고 플레이한다.

4) 페널티구역 밖에서 마지막 스트로크를 한 지점을 기준점
   으로 구제구역을 결정하여 드롭하고 플레이한다.

페널티구역에서 플레이한 볼이
그 페널티구역 밖으로 나갔다가 다시
그 페널티구역에 정지한 경우의
처리방법은?

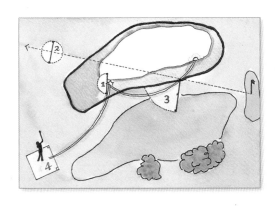

☞1벌타를 받고 다음 중 선택하여 플레이 한다(규칙 17.2a).

1) 직전의 스트로크를 한 곳을 기준점으로 1클럽 길이를 측
   정한 구제구역에 드롭하여 플레이한다(만일 드롭한 볼을
   플레이하지 않기로 결정한 경우에는 1벌타를 추가하여
   2), 3), 4)의 방법 선택 가능).

2) 후방선: 후방선상에 볼을 드롭하고, 이에 따라 정해지는
   구제구역 안에서 플레이한다.

3) 측면 구제: 2클럽 길이 내의 구제구역에 드롭하고 플레이
   한다.

4) 페널티구역 밖에서 마지막 스트로크를 한 지점을 기준점
   으로 구제구역을 설정하고 드롭하여 플레이한다.

페널티구역에서 플레이한 볼이
OB나 분실, 언플레이어블볼이 된 경우의
처리방법은?

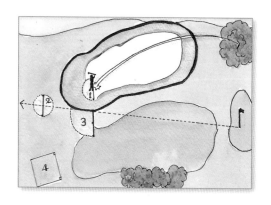

☞ 1벌타를 받고, 직전의 샷한 곳(1)에서 플레이하거나, 2벌타를 받
고 다음 중에서 선택하여 플레이한다.

- 후방선 구제: 볼이 페널티구역의 경계를 마지막으로 통과
한 것으로 추정되는 지점과 홀을 연결한 후방선상에 볼을
드롭하고 플레이한다.

- 측면 구제: 볼이 페널티구역의 경계를 마지막으로 통과한
것으로 추정되는 지점에서 2클럽 길이를 측정한 구제구역
에 드롭하고 플레이한다.

- 페널티구역 밖에서 마지막 스트로크를 한 지점을 기준점으
로 구제구역을 결정하고 드롭하여 플레이한다.

13

OB와 관련된
상황

OB된 볼은
어떻게 판정하나?

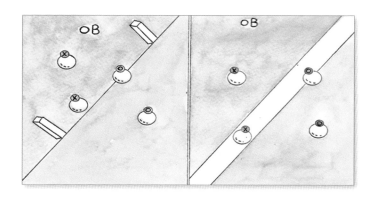

☞ 볼 전체가 OB에 있는 경우에만 OB이다.

- OB는 말뚝 또는 선 등으로 표시한다(용어의 정의: 아웃오
브바운즈).

  1) 말뚝: 말뚝은 OB에 있는 것이며, 그 말뚝과 지면의 코
  스 쪽 접점을 이은 선에 볼의 일부라도 걸쳐 있는 경우
  에 그 볼은 인바운즈에 있는 것이다.

  2) 선: 선 자체는 OB이며, 그 선의 코스 쪽 외곽선에 볼
  의 일부라도 걸쳐 있는 경우에 그 볼은 인바운즈에 있
  는 것이다.

- OB된 볼은 반드시 직전의 스트로크를 한 곳에서 스트로크
와 거리의 구제(1벌타)를 받아야 한다(규칙 18.2b 및 14.6).

페널티구역 안에 정지한 볼이
물의 흐름으로 인해서 페널티구역의
한계를 넘어서 OB에 정지한 경우
그 볼은 OB된 볼인가?

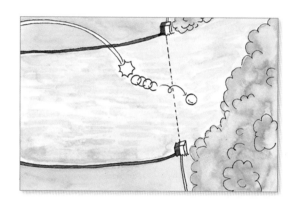

☞ OB된 볼이다.

- 물의 흐름이 볼을 OB로 옮겨 놓는다면 직전에 스트로크한
  곳으로 되돌아가서 스트로크와 거리 구제를 받아야 한다
  [설명 18.2a(2)/1].

- 자연의 힘(바람·물 …)이 정지한 볼을 움직이게 한 경우에
  는 그 볼은 반드시 새로운 지점에서 플레이해야 한다(규칙
  9.3).

- 물은 '외부의 영향'이 아니라 '자연의 힘'이다. 그러므로 규
  칙 9.6(외부의 영향이 집어 올리거나 움직인 볼)은 적용되
  지 않는다.

OB
03

볼은 인바운즈에 놓여 있는데
그 볼을 플레이할 때
OB에 스탠스를 잡고 칠 수 있는가?

☞ 가능하다.

- 플레이어는 코스 안에 있는 볼을 플레이하기 위하여 코스
  의 밖(OB)에 설 수 있다[규칙 18.2a(2)].

* 유사한 형식의 규칙

- 플레이어는 티잉구역 안에 있는 볼을 플레이하기 위하여
  그 티잉구역 밖에 설 수 있다[규칙 6.2b(1)].
- 플레이어는 페널티구역 밖에 있는 볼을 플레이하기 위하여
  그 페널티구역 안에 설 수 있다(규칙 17.1).

OB
04

연습 스윙으로 인하여 볼이 움직여서
그 볼이 OB된 경우 어떻게 처리하나?

☞ 1벌타: 그 볼은 원래의 위치에 리플레이스해야 한다.

- 플레이어가 연습 스윙으로 인플레이볼을 움직인 원인을 제
  공한 것이다.

* 규칙 9.4: 플레이어가 자신의 볼을 집어 올리거나 고의로
건드리거나 움직이게 한 경우에 1벌타를 받게 되며, 움직여
진 볼은 원래의 자리에 리플레이스해야 한다(그 지점을 알
수 없는 경우에는 반드시 추정해야 한다).

OB 05

OB 말뚝의 코스 쪽에 기대어 있는 볼은 어떻게 처리해야 하나?

☞ 볼이 놓여 있는 그대로 스트로크하거나 언플레이어블볼 처리 (1벌타)를 한다.

- OB 말뚝은 코스의 경계물로서 움직이거나 제거할 수 없 다. OB 말뚝을 움직이거나 제거했어도 스트로크하기 전에 원상 회복시키면 페널티를 받지 않는다[규칙 8.1c(1)].

- OB 말뚝을 제거한 채로 스트로크를 했다면 일반 페널티를 받게 된다[규칙 8.1a(1)].

OB 06

세 번이나 OB가 나서
그 홀을 패스하고 싶은데, 가능한가?

☞ 일반적인 스트로크 플레이에서는 불가능하며 반드시 홀아웃
  해야 한다(규칙 3.3c). 그러나 맥시멈스코어 방식에서는 가능하
  다.

  - 맥시멈스코어는 플레이어나 편의 홀 스코어를 더블 파, 트
    리플 보기, 네트 더블 보기 등으로 정해 놓은 최대 타수(스
    트로크 수와 벌타의 합)로 한정하는 스트로크 플레이의 한
    방식이다(규칙 21.2). 홀아웃하지 않은 경우, 플레이어의
    홀 스코어는 최대 타수가 된다.

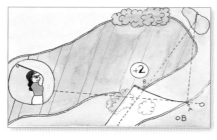

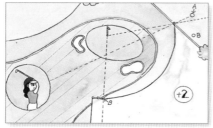

☞ 프로 경기에서는 채택되지 않는 특별한 로컬룰이다(모델 로컬룰 E-5).

- OB가 된 지점의 부근(위 그림에서 백색구역)에서 2벌타를 받고 볼을 드롭해서 플레이할 수 있도록 하는 로컬룰이다.

- 아마추어 경기에만 도입이 권장된다.

OB 08 OB된 볼에 대한 로컬룰이 있는데,
프로비저널볼을 플레이할 수 있는가?

☞ 플레이할 수 있다.

- 프로비저널볼을 플레이하고 원래의 볼이 OB가 된다면 OB
  로컬룰을 적용할 수 없으며 프로비저널볼로 계속 플레이해
  야 한다.

- 만일 원래의 볼과 프로비저널볼 모두 OB가 된다면 프로비
  저널볼에 대해서 2벌타를 받고 로컬룰의 선택사항을 적용
  할 수 있다(모델 로컬룰 E-5).

14

분실된 볼과
관련된 상황

볼을 찾는 데 허용된 3분은
어느 시점부터 시작되는가?

☞ 플레이어나 플레이어의 캐디가 볼을 찾기 시작한 시점부터 3분
　동안 적용된다[규칙 18.2a(1)].

　- 3분 안에 발견된 볼은 그 볼을 확인하는 데 필요한 합리적
　　인 시간이 플레이어에게 허용된다. 플레이어가 볼이 발견
　　된 곳에 있지 않은 경우에 그곳까지 가는 데 필요한 합리
　　적인 시간도 허용된다[설명 18.2a(1)/3].

찾는 시간 3분이 지난 후에
원래의 볼을 찾았다면 그 볼로
계속 플레이할 수 있는가?

☞ 플레이할 수 없다.

 - 볼을 찾기 시작한 지 3분 안에 발견되지 않으면 그 볼은
 분실된 것이며 그 볼을 플레이해서는 안 된다. 만일 그 볼을
 플레이한다면 잘못된 볼을 플레이한 것이 되어 일반 페널티
 를 받게 되며 반드시 시정해야 한다[규칙 18.2a(1)].

분실된 볼

03

볼이 깊은 숲에 있는 것이 확실하지만
발견할 수가 없는 경우의 처리절차는?

☞ 분실된 볼 처리를 해야 하며 1벌타를 받고 직전의 스트로크를
한 지점에서 다시 플레이해야 한다(규칙 18.2b).

- 직전의 스트로크를 한 곳에서 다음 스트로크를 할 경우
(규칙 14.6), 원래의 볼을 사용할 수도 있고 다른 볼을 사
용할 수도 있다.

1) 티잉구역: 규칙 6.2b에 따라서 그 티잉구역 어디에서
든 플레이할 수 있다(티 사용 가능).

2) 일반 구역, 페널티 구역, 벙커: 직전의 스트로크를 한
지점을 기준점으로 1클럽 길이의 구제구역을 설정하여
드롭한다.

3) 퍼팅그린: 직전의 스트로크를 한 지점(그 지점을 알 수
없는 경우에는 반드시 추정)에 플레이스한다.

분실된 볼

04

볼을 찾을 수가 없어서
볼을 분실했다고 생각되는 지점에서
다른 볼을 드롭하여 플레이했다면
어떻게 처리해야 하나?

☞ 잘못된 장소에서 플레이한 것이며 이 경우는 중대한 위반이다.

- 잘못된 장소에서의 플레이로 일반 페널티를 받게 된다. 스
  트로크 플레이의 경우에는 반드시 시정해야 되는 중대한
  위반으로 직전의 스트로크를 한 곳에서 다시 플레이해야
  한다.
- 볼이 분실된 경우에는 규칙 18.2b에 따라서 반드시 직전
  의 스트로크를 한 곳에서 스트로크와 거리 구제(1벌타)를
  받아야 한다.

볼을 좀 찾아보다가 스트로크와 거리 구제를
받기 위해서 다른 볼을 드롭했는데 캐디가 3분
안에 원래의 볼을 찾았다면, 원래의 볼로
계속 플레이할 수 있나?

☞ 플레이할 수 없다(규칙 18.1).

– 일반구역에서 플레이어가 스트로크와 거리의 페널티를 받
고, 다른 볼을 드롭했다면, 볼 찾기 3분 안에 원래의 볼을
발견하더라도 그 드롭된 볼이 인플레이볼(플레이어가 인플
레이하려는 의도를 가지고 드롭한 경우 규칙 14.4)이 되며
그 드롭된 볼로 계속 플레이해야 한다.

– 만일 원래의 볼을 플레이한다면 잘못된 볼을 플레이하는
것으로 일반 페널티를 받게 되며 반드시 시정해야 한다(설
명 18.1/1).

06 분실된 볼에 대한 로컬룰은 무엇인가?

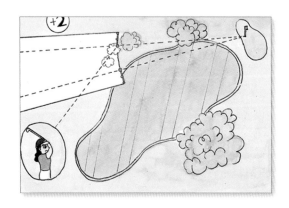

☞ 볼이 분실된 경우에는 1벌타를 받고 직전의 스트로크를 한 곳에서 플레이함으로써 스트로크와 거리 구제를 받아야 하지만, 위원회는 볼을 분실한 지점 부근(위 그림에서 백색구역)에서 2벌타를 받고 볼을 드롭하여 플레이할 수 있도록 로컬룰을 도입할 수 있다.

 – 분실된 볼이나 아웃오브바운즈로 간 볼에 대한 스트로크와 거리 구제를 대신하는 구제방법(모델 로컬룰 E-5)은 일반 아마추어 경기에만 도입이 권장되며, 엘리트 아마추어 경기나 프로 경기에는 적용이 적절하지 않은 로컬룰이다.

15

프로비저널볼과
관련된 상황

어떤 경우에 프로비저널볼을 플레이할 수 있는가?

☞ 1)원래의 볼이 페널티구역에 있을 수도 있지만, 페널티구역 밖에서 분실되었을 수도 있고 아웃오브바운즈로 갔을 수도 있는 경우, 2) 플레이어가 원래의 볼이 일반구역에 정지하고 분실될 수도 있다고 믿는 경우에 프로비저널볼을 플레이할 수 있다(설명 18.3a/1).

* 프로비저널볼이란 플레이어가 방금 플레이한 볼이 1)OB 가능성이 있는 경우, 2)페널티구역 밖에서 분실 가능성이 있는 경우 플레이한 다른 볼을 말한다(용어의 정의: "프로비저널볼").

프로비저널볼을 플레이할 수 없는
상황도 있는가?

☞ 원래의 볼이 분실될 수 있는 유일한 장소가 페널티구역뿐이라는
 사실을 알고 있는 경우에는 프로비저널볼을 플레이할 수 없다.
 – 이러한 상황에서 플레이된 볼은 스트로크와 거리의 페널티
  (1벌타)를 받은 인플레이볼이 된다(규칙 18.3a). 그러므로
  페널티구역에서 원래의 볼을 찾더라도 그 볼을 플레이할
  수 없다.

프로비저널볼
03

원래의 볼이 페널티구역 밖에서
분실되거나 OB가 될 가능성이 있어서
다른 볼을 플레이하면서 아무 말 없이
플레이했다. 이런 경우에도 그 볼은
프로비저널볼이 되는가?

☞ 프로비저널볼이 아니다(스트로크와 거리의 페널티를 받은 인플
레이볼이다).

 – 원래의 볼을 찾더라도 플레이할 수 없다. 그 볼을 플레이
한다면 잘못된 볼을 플레이한 것으로 2벌타를 받는다.

* 프로비저널볼을 플레이하겠다는 의사를 표현하는 3가지
방법(설명 18.3b/1)은 1)"프로비저널"이라는 말을 하거나,
2)"규칙 18.3에 의해 볼을 친다"고 말하거나, 3)"만일의 경우
에 대비하기 위해(Just in case), 다른 볼을 칠거야"라고 말
한다. 분명하게 의사표시가 안 된 경우, 즉 "다시 칠거야",
"다른 볼을 칠거야" 등의 언급은 인정받지 못한다.

프로비저널볼

04

티샷한 볼이 숲속 지역으로 날아가서
프로비저널볼을 쳤으나 비슷한 지역으로 갔다.
실망하여 아무 말도 하지 않고 티잉구역에서
세 번째 볼을 플레이했는데 페어웨이에
안착했다. 어떻게 처리해야 하나?

☞ 첫 번째로 티샷한 볼을 발견하면 그 볼로 플레이를 계속하고, 첫
번째로 티샷한 볼을 발견하지 못하면 세 번째로 친 볼(5타째)로
플레이를 계속해야 한다.

- 같은 장소에서 여러 개의 볼을 치면 뒤에 친 볼은 바로 앞
에 친 볼과만 관련이 있다. 아무런 말도 없이 친 세 번째
볼은 프로비저널볼을 스트로크와 거리의 페널티를 받고 처
리한 결과를 초래한다. 따라서 첫 티샷을 발견하지 못하면
세 번째 친 볼이 인플레이볼이 된다(설명 18.3a/3).

볼이 분실될 가능성이 있어서 프로비저널볼을
플레이했는데 3분 안에 원래의 볼을 발견했다.
원래의 볼을 플레이할 수 없는 상황인데,
프로비저널볼로 플레이할 수 있을까?

☞ 플레이할 수 없다.

- 원래의 볼이 볼찾기에 허용된 3분 안에 페널티구역 이외의
  코스상에서 발견된 경우 반드시 원래의 볼을 놓인 그대로
  플레이해야 한다. 만일 원래의 볼을 있는 그대로 플레이
  할 수 없다면 규칙 19.1에 따라서 언플레이어블볼 구제를
  받아야 한다.
- 이 상황에서 프로비저널볼을 플레이한다면 잘못된 볼을 플
  레이한 것이 되어 일반 페널티를 받게 되며, 반드시 그 잘
  못을 시정해야 한다[규칙 18.3c(3)].

티샷이 페널티구역 방향으로 갔으나
페널티구역 밖에서 분실될 가능성도 있어서
프로비저널볼을 플레이했다. 원래의 볼을
3분 안에 페널티구역에서 발견했는데,
어떻게 처리해야 하나?

☞ 프로비저널볼을 포기해야 한다.

- 원래의 볼을 찾는 시간 3분 안에 페널티구역에서 발견했다면
  그 볼은 인플레이볼이다.
- 그 볼을 있는 그대로 플레이하거나 페널티구역 구제를 받고
  플레이해야 한다.
- 이 상황에서 프로비저널볼로 계속 플레이한다면 잘못된 볼
  을 플레이하는 것으로 일반 페널티를 받게 되며, 반드시
  원래의 볼로 플레이하거나 페널티구역 구제를 받아 그 잘
  못을 시정해야 한다.

원래의 볼이 있을 것이라고 추정되는
지점보다 홀에 더 가까운 지점에서
프로비저널볼을 플레이한다면?

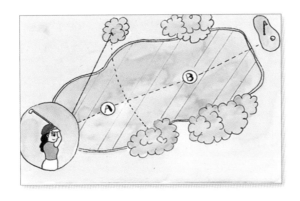

☞ 만일 플레이한다면 프로비저널볼이 인플레이볼이 된다[규칙
  18.3c(2)].

  – 프로비저널볼 A를 플레이한다면 그 볼은 프로비저널볼의
    지위를 유지하지만, 프로비저널볼 B를 플레이한다면 그 볼
    이 인플레이볼이 된다.

* 규칙 18.3c(1): 홀로부터 원래의 볼이 있을 것으로 추정되
는 지점과 같거나 더 먼 지점에서 프로비저널볼을 플레이한
경우에 한하여, 계속해서 그 볼을 프로비저널볼로서 플레이
할 수 있다.

파 3홀에서 티샷이 숲속으로 들어가서
프로비저널볼을 쳤는데 홀 바로 옆에 정지했다.
플레이어는 원래의 볼을 찾고 싶지 않으나
다른 플레이어들은 원래의 볼을 찾는 것이
유리하다. 그 볼을 3분 동안 찾아볼 수 있는가?

☞ 플레이를 부당하게 지연시키지 않는 한 원래의 볼을 찾아볼 수
있다[설명 18.3c(2)/2].

 － 프로비저널볼을 스트로크하기 전에 원래의 볼이 발견되면
프로비저널볼을 포기해야 된다.

 － 플레이어가 그 볼이 발견되기 전에 원래의 볼이 있을 것으
로 추정되는 지점보다 홀에서 더 가까운 지점에서 프로비
저널볼에 또 다른 스트로크를 하는 경우에는 프로비저널볼
이 인플레이볼이 된다.

프로비저널볼

09

파 3홀에서 티샷이 숲속으로 들어가서
프로비저널볼을 쳤는데 홀인되었다.
플레이어는 그린에 도착하자마자 홀인된 볼을
집어 올렸는데, 다른 플레이어들은 3분 동안
볼을 찾아볼 수 있는가?

☞ 플레이어가 볼을 집어 드는 순간까지는 찾아볼 수 있다.

- 홀인된 볼을 집어 드는 순간 볼 찾는 시간은 끝난 것이다
  [설명 18.3c(2)/3].

- 홀에서 볼을 집어 드는 행동은 스트로크와 동일하게 취급
  된다.

- 홀에서 프로비저널볼을 집어 올리기 전에 원래의 볼을 발
  견한다면 그 볼이 인플레이볼이며, 프로비저널볼을 포기하
  고 원래의 볼을 플레이해야 한다.

티샷한 볼이 OB지역인 숲속으로 날아가서
프로비저널볼을 쳤다. 그 지역에 도착해 보니
원래의 볼이 OB된 것인지를 확정할 수가 없는
상황인데, 페어웨이 중앙에 있는 프로비저널볼을
두 번째 볼로 플레이할 수가 있는가?

☞ 할 수 있다[설명 20.1c(3)/5].

- 두 번째 볼은 프로비저널볼이 될 수 없지만, 프로비저널볼
  은 두 번째 볼로 활용할 수 있다.
- 의문 상황이 생겼을 경우, 스트로크를 하기 전에 두 개의
  볼 플레이 여부를 결정해야 하며, 스코어카드 제출 전에 그
  상황을 위원회에 보고해야 한다[규칙 20.1c(3)].

티샷한 볼이 OB 방향으로 날아가서
프로비저널볼을 플레이했는데 두 볼이
OB와 인바운즈 러프에서 각각 발견되었다.
어느 볼이 원래의 볼인지 확인할 수 없는데
어떻게 처리해야 하나?

☞ 인바운즈에서 발견된 볼이 프로비저널볼이고 이 볼이 인플레이
볼이다[규칙 18.3c(2)].

- 코스에서 하나의 볼만 발견된 경우, 그 볼은 플레이어가
플레이한 프로비저널볼로 간주된다.
- 코스에서 두 개의 볼이 모두 발견된 경우, 플레이어는 반
드시 하나를 선택하여 그 볼을 프로비저널볼로 간주해야
한다. 선택하지 않은 다른 볼은 원래의 볼로 간주되며, 이
볼은 인플레이 상태가 아니므로 플레이해서는 안 된다.

프로비저널볼

12

티샷한 볼이 페널티구역 밖에서 분실될 수도
있어서 프로비저널볼을 플레이했는데, 같은
방향으로 날아갔다. 두 볼 다 페널티구역
안에서 발견했는데 어느 볼이 원래의 볼인지
확인할 수 없는 경우에 어떻게 처리해야 하나?

☞ 두 볼 중 하나를 선택하여 그 볼을 프로비저널볼로 간주해야 한
  다[규칙 18.3c(2)].

  - 선택한 볼을 있는 그대로 플레이하거나 페널티 구제를 받
    는다.

  - 선택하지 않은 볼은 인플레이 상태가 아니기 때문에 플레
    이해서는 안 된다(2016년 골프규칙에서는 원래의 볼에 대
    하여 페널티구역에 있는 볼로 구제를 하였으나, 2019년 골
    프규칙에서 선택한 볼을 프로비저널볼로 간주하도록 개정
    되어 현재 유지되고 있다).

16

언플레이어블
볼과 관련된
상황

01 볼이 숲속이나 나무 속에 있어서
플레이할 수 없을 경우의
선택사항들은 무엇인가?

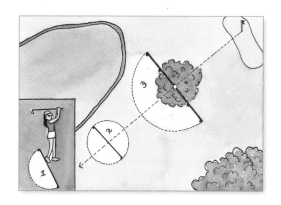

☞ 언플레이어블볼을 선언한다.

 - 일반구역이나 퍼팅그린에서 언플레이어블볼에 대한 3가지
   구제 방법(규칙 19.2: 1벌타)

 1) 스트로크와 거리 구제를 받고 직전의 스트로크한 곳에
    서 다시 플레이한다.

 2) 홀과 원래의 볼을 연결하는 후방선 구제를 한다.

 3) 원래의 볼이 있는 지점을 기준점으로 2클럽 길이의
    측면 구제를 한다.

자신의 것으로 생각되는 볼을 발견했으나
칠 수 없어 언플레이어블볼을 선언하고
볼을 드롭했는데 그 볼이 자신의 볼이
아닌 경우의 처리방법은?

☞ 드롭한 볼을 포기하고 볼 찾는 시간 3분이 남았다면 원래의
볼을 찾아서 플레이해야 한다.

- 만일 3분이 끝났다면 직전의 스트로크한 곳에서 다른 볼로
스트로크와 거리 구제(1벌타)를 받아야 한다.

- 원래의 볼을 발견하지 못하면 언플레이어블볼 처리 시에
후방선 구제나 측면 구제는 적용할 수 없다(규칙 19.2).

볼이 나무 위에 정지했는데
플레이할 수 없어서 언플레이어블볼로
처리할 경우에 그 처리절차는?

☞ 먼저 자신의 볼인지 확인한 후에 1벌타를 받고 다음의 3가지 방법 중에 선택하여 플레이한다(규칙 19.2). 이때 기준점은 나무 위에 있는 볼의 수직 아래에 있는 지면 위의 지점이다.

1) 기준점에서 2클럽 길이의 측면 구제를 한다.

2) 홀과 기준점을 연결한 후방선 구제를 한다.

3) 볼 확인여부와 관계없이 언제든지 스트로크와 거리 구제는 가능하다.

* 볼을 자신의 볼로 확인하지 못한다면 반드시 직전의 스트로크한 곳에서 스트로크와 거리 구제를 받아야 한다.

그린 바로 옆에 있는 나무 위에 정지한 볼을 플레이할 수 없어서 언플레이어블볼 구제를 하려고 하는데 그 구제구역이 퍼팅그린에 설정되는 경우도 있는가?

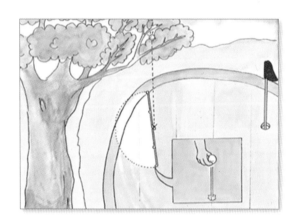

☞ 구제구역이 퍼팅그린 위일지라도 설정하여 구제받을 수 있으며 구제구역에 볼을 드롭해야 한다.

- 지면 위에 있지 않은 볼에 대한 언플레이어블볼 구제
  - 나무 위의 볼 수직 아래 지점(퍼팅그린 위)이 측면 구제를 받기 위한 기준점이 된다.
  - 기준점 중심으로 2클럽 길이의 구제구역을 설정(퍼팅그린 포함)한다.
  - 기준점으로부터 2클럽 길이 이내에 2가지 이상의 코스 구역이 있는 경우, 그 볼은 반드시 그 볼이 드롭될 때 처음 지면에 닿은 구역과 동일한 코스의 구역에 정지해야 한다(규칙 19.2c).

1번 홀의 세컨드 샷 지점에서
언플레이어블볼 처리를 할 때
2번 홀의 퍼팅그린 위에 볼을
드롭할 수 있는가?

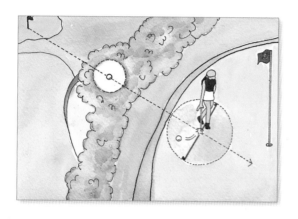

☞ 다른 홀의 퍼팅그린 위에 볼을 드롭할 수 있다.

- 언플레이어블볼 구제방법에 따라, 어떤 코스의 구역에 있
  는 구제구역이든 그 구역에 드롭함으로써 구제를 받을 수
  있다(설명 19.2/2).

- 잘못된 그린에 드롭한 후에는 반드시 관련 규칙에 따라 잘
  못된 그린으로부터 구제를 받아야 한다.

연산홍 꽃밭 속에 있는 볼을 페널티구역에서
언플레이어블볼 구제를 받고자 했다.
설정된 구제구역이 일부는 물이 있고 일부는
물이 없는 지역이었다. 그런데 드롭된 볼이
물속(구제구역 안)에 정지하여 플레이할 수
없는 상황인데 어떻게 처리해야 하나?

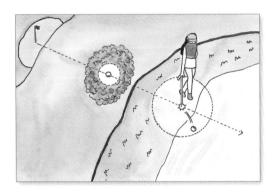

☞ 직전에 스트로크한 곳으로 되돌아가서 스트로크와 거리 구제를
받고 플레이해야 한다(설명 19.2/2).

- 페널티구역에 볼을 드롭했는데, 그 볼을 정지한 곳에서 플
레이할 수 없는 경우에 페널티구역 구제를 받아야 되는데,
페널티구역을 넘어간 기점이 없기 때문에 후방선 구제나
측면 구제를 받을 수는 없다.

- 위 상황에서는 언플레이어블볼 구제에 대한 1벌타에 추가
하여 스트로크와 거리 구제에 대한 1벌타를 받게 된다.

관목숲 옆에 바짝 붙어 있는 볼을
그대로 플레이했는데, 앞에 있는 숲속으로
깊숙이 들어갔다. 언플레이어블볼 선언한 후에
티잉구역으로 되돌아가서 플레이할 수 있는가?

☞ **티잉구역으로 되돌아갈 수 없다.**

- 나무 옆에서 스트로크를 했기 때문에 그 스트로크를 한 지
점이 직전의 스트로크를 한 지점이며, 따라서 새로운 스트
로크와 거리 구제의 기준점이 된다(설명 19.2/3).

- 만일 이 경우 후방선 구제가 불가능하고 스트로크와 거리
구제를 원치 않는다면, 플레이어가 선택할 수 있는 유일한
방법은 플레이할 수 있는 위치로 갈 때까지 매번 페널티를 받
으면서 여러 차례 측면 구제를 받는 것뿐이다(설명 19.2a/2).

언플레이어블볼 구제를 받고 드롭한 볼이
원래의 위치 부근으로 굴러가서 멈추었는데,
어떻게 처리해야 하나?

☞ 볼을 놓인 그대로 플레이하거나 다시 언플레이어블볼(1벌타) 처
리를 한다.

- 일단 드롭된 볼이 구제구역 안에 정지하면, 플레이어는 새
  로운 상황을 맞게 된다.
- 새로운 상황에서 볼을 놓인 그대로 플레이할 수 없다면 페
  널티를 추가하고 다시 언플레이어블볼 구제를 받을 수 있
  다(설명 19.2/1).

벙커 안에서 언플레이어블볼 구제 시 선택사항은 무엇인가?

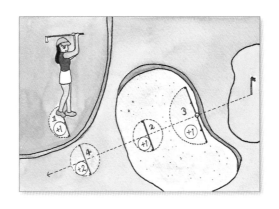

☞ 일반적인 구제방법(1벌타)은 3가지 선택 사항이 있다.

1) 스트로크와 거리 구제를 받고 직전의 스트로크를 한 곳에서 다시 플레이한다.

2) 반드시 벙커 안에서 홀과 원래의 볼을 연결하는 후방선 구제를 한다.

3) 반드시 벙커 안에서 원래 볼이 있는 지점을 기준점으로 2클럽 길이의 측면 구제를 한다.

☞ 벙커 밖으로의 2벌타 구제방법이 있다.

4) 볼과 홀을 연결하는 벙커 밖 후방선 구제를 한다.

17

퍼팅그린과 관련된 상황

☞ 플레이어가 플레이 중인 홀에서 퍼팅을 하도록 특별하게 조성된
구역(용어의 정의: 퍼팅그린)이다.

- 코스의 구역으로 규정된 5가지 구역 중 하나이며, 일반구
  역에 있지 않은, 4가지 특수구역 중 하나이다.
- 플레이어가 현재 플레이 중이 아닌 홀들의 퍼팅그린들은
  잘못된 그린이며, 일반구역의 일부이다.
- 퍼팅그린에만 적용되는 특별한 규칙(규칙 13조: 퍼팅그린)
  이 있다.

퍼팅그린 위에 있는 볼을
판정하는 방법은?

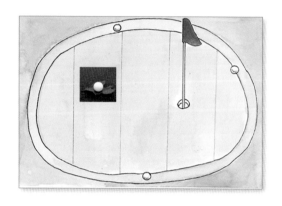

☞ 볼의 일부라도 퍼팅그린에 접촉하고 있어야 퍼팅그린 위에 있는
볼이다(규칙 13.1a)

- 볼을 위에서 볼 때 볼 밑으로 그린이 보이지만 실제로 그
린과는 접촉하지 않고 있다면 퍼팅그린 위에 있는 볼이 아
니다.

- 실제로 퍼팅그린에 접촉하고 있지 않지만 그린 경계 안에
있는 루스임페디먼트나 장해물 위 또는 안에 있다면 그 볼
은 퍼팅그린 위에 있는 볼이다.

- 퍼팅그린의 서열은 일반구역보다는 높으나 페널티구역이
나 벙커보다는 낮다(규칙 2.2c).

볼 마크는
무엇으로 해야 하는가?

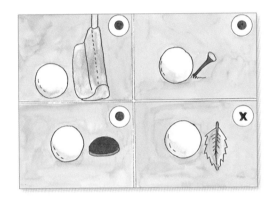

☞ 동전, 티, 볼마커용으로 만든 물건, 클럽 등은 사용 가능하다. 그
러나 루스임페디먼트(나뭇잎 등 자연물)로는 볼의 위치를 마크
할 수 없다.

- 볼마커: 티, 동전, 볼마커용으로 만들어진 물건, 그 밖의
자그마한 장비 등 집어 올릴 볼의 지점을 마크하기 위해서
사용하는 인공물이다(용어의 정의: "볼마커").

볼마커를 반드시 볼 바로 뒤나
옆에 놓아야 하나?

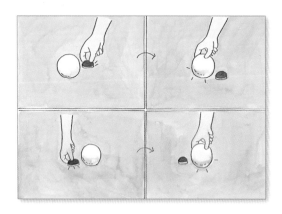

☞ 볼마커는 그 볼 바로 옆이기만 하면 어디(볼의 바로 앞이라도⋯)
에라도 놓을 수 있다(설명 14.1a/1).

- 볼 주위에(around the ball), 충분히 정확하게(sufficient
accuracy) 마크하면 된다.

- 집어 올려진 볼은 반드시 원래의 볼을 원래의 지점에 리플
레이스해야 한다(규칙 14.2a).

마크하지 않고
볼을 집어 올렸는데 페널티가 있는가?

☞ 1벌타: 규칙 14.1a 위반이다.

- 원래의 지점에 리플레이스할 볼은 반드시 그 볼을 집어
  올리기 전에 그 지점을 마크해야 한다.
- 그 지점을 마크하지 않고 볼을 집어 올렸거나 잘못된 방법
  으로 마크했거나 볼마커를 제거하지 않고 스트로크를 한
  경우에 플레이어는 1벌타를 받는다.

퍼팅그린
06

마크하지 않고 방향을 맞추기 위해
볼을 살짝 돌려 놓았는데 페널티는 없는가?

☞ 1벌타: 볼은 있는 그대로 플레이한다.

- 볼의 위치가 이동하지 않았더라도 고의로 자신의 인플레이
  볼을 접촉하면 규칙 9.4b에 의해서 1벌타를 받는다(설명
  9.4b/1).

퍼팅그린 위에 정지한 볼을 마크하고 집어 올려
옆으로 치워 놓았다가 플레이할 순서가 되어
퍼터로 볼을 굴려서 리플레이스한 후에
마크를 제거하고 퍼트하였다. 올바른 처리인가?

☞ 1벌타: 클럽으로 볼을 굴려서 리플레이스할 수 없다.

- 볼을 집어 올리는 방법에 대한 제한은 없다.
- 반드시 요구되는 지점에 그 볼을 내려놓아 그 볼이 그 지
  점에 멈추도록 리플레이스해야 한다[규칙 14.2b(2)].
- 리플레이스는 반드시 손으로 내려놓아야 한다[규칙 14.2b
  (2)].
- 스트로크하기 전에 올바른 방법으로 리플레이스하지 않으
  면 1벌타를 받는다.

볼마커를 제거하지 않고
스트로크했는데, 허용되는가?

☞ 1벌타: 규칙 14.1a 위반이다.

- 볼마커를 제거하지 않고 스트로크를 한 경우에는 규칙
  14.1a에 따라 1벌타를 받는다(퍼팅그린뿐만 아니라 코스
  어디서나 적용된다).

퍼팅그린에서 우연히 볼을 발로 차거나,
연습 스윙 중에 볼을 건드리거나
실수로 볼마커나 클럽을 떨어뜨려
볼을 움직였는데, 페널티는 없는가?

☞ 페널티는 없으며, 그 볼을 리플레이스하여 플레이한다.

- 플레이어가 퍼팅그린에서 그 볼을 우연히 움직이게 한 경
  우, 어떻게 그 볼을 움직이게 하였는지와 관계없이 페널티
  가 없다(규칙 9.4b 예외3).
- 플레이어나 상대방 또는 스트로크 플레이의 다른 플레이어
  가 퍼팅그린에 있는 플레이어의 볼이나 볼마커를 우연히
  움직인 경우, 페널티가 없다[규칙 13.1d(1)].

퍼터로 볼마커를 눌렀는데, 퍼터 뒷면에
달라붙어서 볼마커가 움직였다면
페널티는 없는가?

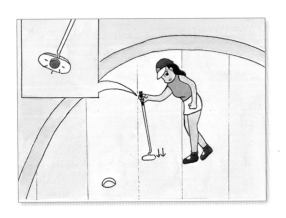

☞ 페널티는 없다[규칙 9.4b 예외3, 규칙 13.1d(1)].

- 퍼팅그린에 있는 볼마커를 우연히 누군가가 움직여도 페널
티는 없으며, 그 볼마커는 원래의 지점(알 수 없는 경우에
는 추정)에 리플레이스해야 한다.

퍼팅그린

11

퍼팅그린에서 친 볼이
다른 플레이어의 볼마커를 맞고
정지한 경우, 어떻게 처리해야 하나?

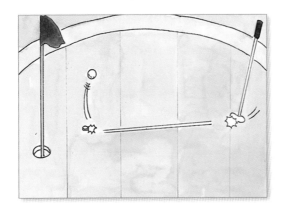

☞ 페널티는 없으며, 그 볼은 멈춘 그대로 플레이한다.

 − 움직이고 있는 볼이 퍼팅그린에 있는 볼마커를 맞힌 경우
  그 스트로크는 타수에 포함되며, 그 볼은 반드시 놓인 그
  대로 플레이해야 한대규칙 11.1b(2)].

퍼팅그린 12
다른 플레이어의 볼마커가
플레이 선 위에 놓여 있어서 방해가 되는데
옮겨달라고 요구할 수 있는가?

☞ 방해가 되는 볼마커는 옮겨달라고 요구할 수 있다(규칙 15.3c).
 - 그 볼마커는 원래의 지점으로부터 클럽헤드 길이의 한두 배
   정도 떨어진 지점으로 옮겨줘야 한다.

퍼팅그린
13

옮겨준 볼마커를 원위치하지 않고
그 자리에서 플레이한 경우
어떻게 처리해야 하나?

☞ 일반 페널티 적용.

- 잘못된 장소에서 플레이한 것이며, 그 볼로 계속 플레이
한다.

- 스트로크 플레이에서 플레이어가 중대한 위반(잘못된 장소
에서 플레이함으로써 현저한 이익을 얻음)을 하지 않은 경
우에는 그 잘못을 시정하지 않고 그 볼로 홀아웃해야 한다
[규칙 14.7b(1)].

홀 근처에 있던 볼이 바람에 의해 움직여서 홀에 들어간 경우, 어떻게 처리해야 하나?

☞ 집어 올리지 않은 볼이라면 그 볼은 반드시 새로운 지점에서 플레이해야 한다. 그러므로 그 볼은 홀에 들어간 것이다.

* 규칙 9.3: 자연의 힘(예: 바람, 물)이 플레이어의 정지한 볼을 움직이게 한 경우에 페널티는 없으며, 그 볼은 반드시 새로운 지점에서 플레이해야 한다.

- 규칙 9.3의 예외1: 퍼팅그린에 있는 볼을 집어 올렸다가 리플레이스한 후 그 볼이 움직인 경우, 그 볼은 반드시 리플레이스해야 한다.

퍼팅그린
15

퍼팅그린에서 리플레이스한 볼이
홀인이 되었는데, 홀아웃된 것으로
처리되는가?

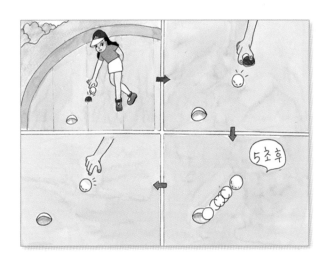

☞ 원래의 지점에 리플레이스하고, 홀아웃해야 한다.

- 퍼팅그린에 있는 플레이어의 볼을 집어 올렸다가 리플레이
  스한 후에 그 볼이 움직인 경우에는 플레이어나 상대방 또는
  외부의 영향이 아닌 자연의 힘에 의하여 움직인 경우라도
  원래의 지점에 반드시 리플레이스해야 한다[규칙 13.1d(2)].

볼이 퍼팅그린 위의 일시적으로 고인 물속에 있어서 구제를 받아 가장 가까운 완전한 구제지점에 볼을 플레이스했는데, 플레이 선을 살펴보는 도중에 그 볼이 바람에 의해 홀 쪽으로 굴러갔다면 어떻게 처리해야 하나?

☞ 반드시 그 볼을 가장 가까운 완전한 구제지점에 리플레이스 해야 한다[설명 13.1d(2)/1].

- 이미 집어 올려졌다가 리플레이스한 볼은 그 후에 자연의 힘에 의하여 움직인 경우라도 그 볼은 반드시 원래의 지점 에 리플레이스해야 한다[규칙 13.1d(2)].

- 구제를 받아 플레이스한 볼은 집어 올려진 후에 리플레이 스한 볼과 동일하게 취급된다. 그 볼이 바람 등 자연의 힘 에 움직였더라도 플레이스했던 가장 가까운 완전한 구제지 점에 리플레이스해야 한다.

퍼팅그린에서 스트로크한 볼이 홀에 꽂혀 있는 깃대를 맞춘 경우 페널티는 없는가?

☞ 페널티는 없으며 그 볼은 반드시 놓인 그대로 플레이해야 한다 [규칙 13.2a(2)].

- 플레이어가 깃대를 홀에 꽂힌 그대로 두고 스트로크하여 움직이는 볼이 그 깃대를 맞힌 경우에는 페널티는 없으며 그 볼은 반드시 놓인 그대로 플레이해야 한다.

- 플레이어는 스트로크하기 전에 깃대 처리방법을 결정해야 한다.

퍼트한 볼이 깃대를 제거하기 위해
깃대를 잡고 있는 사람을 우연히 맞춘 경우
페널티는 없는가?

☞ 우연히 맞췄다면 페널티는 없으며 그 볼은 반드시 놓인 그대로
플레이해야 한다[규칙 13.2b(2)].

– 움직이고 있는 플레이어의 볼이 플레이어가 제거하도록 한
깃대 또는 깃대를 잡고 있는 사람(또는 그 사람이 들고 있
는 것)을 우연히 맞힌 경우, 페널티는 없으며 그 볼은 반드
시 놓인 그대로 플레이해야 한다.

플레이어가 깃대를 꽂아 놓고 플레이했는데
다른 플레이어가 달려와서 깃대를
제거한 경우, 어떻게 처리되나?

☞ 움직이고 있는 볼에 영향을 주기 위하여 깃대를 제거했다면 다
른 플레이어는 일반 페널티를 받는다[규칙 13.2a(4)].

– 플레이어가 깃대를 홀에 꽂힌 그대로 두고 누구에게도 깃
대를 잡아줄 것을 위임하지 않은 경우 다른 플레이어가 고
의로 플레이어의 움직이고 있는 볼이 정지할 수도 있는 곳
에 영향을 미치기 위해 깃대를 움직이거나 제거해서는 안
된다.

퍼트한 볼이 제거되어 지면에 놓여 있는
깃대를 맞춘 경우, 어떻게 처리되나?

☞ 우연히 맞췄다면 페널티는 없으며 그 볼은 반드시 놓인 그대로
플레이해야 한다[규칙 13.2b(2)].

깃대를 다시 꽂아달라는 다른 플레이어의 요청에
귀찮아서 자신의 퍼터로 깃대를 대신하여
홀의 위치를 표시할 수 있는가?

☞ 퍼터를 깃대 대신으로 사용할 수 있다.

- 클럽으로 홀의 위치를 표시하면 그 클럽은 깃대로 간주
된다(용어의 정의: "깃대").

홀의 옆면에 박힌 볼은
홀인된 볼인가?

☞ **홀인된 볼이 아니다.**

- 홀 옆에 박힌 볼 전체가 퍼팅그린의 수평면보다 아래에 있
  어야 홀인된 것으로 판정된다(용어의 정의: 설명 "홀에 들
  어가다"/1)
- 홀 옆에 박힌 채로 깃대에 닿은 채 멈춘 경우에도 그 볼
  전체가 퍼팅그린의 표면 아래에 있지 않으면 그 볼은 홀에
  들어간 볼이 아니다.
- 홀인된 볼이 아닌 경우에는 그대로 플레이하거나 홀 손상
  수리 후에 홀 가장자리에 플레이스하여 홀아웃한다.

퍼팅그린
23

깃대에 기대어 있는 볼을
집어 올린 경우, 어떻게 처리하나?

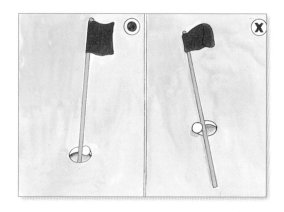

☞ 깃대에 기대어 있는 볼의 일부라도 퍼팅그린 표면 아래 홀 안에
있으면, 볼 전체가 그 표면 아래에 있지 않더라도 그 볼은 홀에
들어간 것으로 간주된다(규칙 13.2c).

깃대에 기대어 정지한 볼이 깃대를 제거하자 홀에서 멀리 굴러나가 정지한 경우 어떻게 처리해야 하나?

☞ 볼의 일부라도 퍼팅그린의 표면 아래의 홀 안에 있는 경우에는 그 볼은 홀에 들어간 것이기 때문에 볼이 움직인 것과는 상관이 없다.

　－볼의 어떤 부분도 퍼팅그린의 표면 아래의 홀 안에 있지 않은 경우에는 볼이 움직인 것에 대한 페널티는 없으며, 그 볼은 반드시 홀 가장자리에 리플레이스해야 한다(규칙 13.2c).

깃대를 고의적으로 기울어지게 꽂아두고
퍼트한 경우, 페널티는 없는가?

☞ 퍼트한 볼이 깃대를 맞춘 경우에만 일반 페널티를 받는다.

- 플레이어가 고의로 이익을 얻기 위해서 깃대를 홀 중앙이
아닌 위치로 움직여서 움직이고 있는 볼이 그 깃대를 맞춘
경우에는 일반 페널티를 받는다[규칙 13.2a(1)].

앞 팀에서 깃대를 삐딱하게 세워두었는데
그대로 두고 퍼트할 수 있나?

☞ 삐딱하게 세워 둔 위치가 유리하다고 판단되면 그대로 두고 플
레이할 권리가 있다.

- 중앙에 똑바로 세우고 퍼트할 수도 있다.

- 기울어져 있는 깃대를 같은 팀의 다른 플레이어가 똑바로
세운 경우에도 플레이어는 똑바로 세워진 그대로 또는 삐
딱한 상태로 되돌려 놓은 후에 퍼트할 수 있대설명 13.2a
(1)/1].

플레이어가 플레이 선을 접촉했는데,
허용되는 행동인가?

☞ 페널티는 없다.

- 플레이어 또는 캐디는 손발이나 클럽, 깃대 등으로 퍼팅그
린의 플레이 선을 접촉할 수 있다[규칙 10.2b(2)].

플레이 선을 보기 위해서 그린 위에
엎드려서 보는 자세는 허용되는 행동인가?

☞ 괜찮다.

– 플레이 선을 보는 방법을 제한하는 규칙은 없다.

퍼팅그린
29

플레이 선을 가리키기 위해서 캐디가
손이나 깃대로 퍼팅그린을 접촉했는데
허용되는 행동인가?

☞ 페널티는 없다.

- 볼이 퍼팅그린 위에 있는 여부와 상관 없이 캐디는 손이나
  발로 퍼팅그린 면을 접촉할 수 있다.
- 또한 캐디는 손에 든 것(예: 클럽이나 깃대 등)으로 퍼팅그
  린 면을 접촉할 수 있다. 다만 이러한 행동으로 규칙 8.1a
  를 위반하여 스트로크에 영향을 미치는 상태를 개선해서는
  안 된다[규칙10.2b(2)].

깃대를 잡고 선 캐디가 자신의 발을 향해
퍼트하라고 말하면서 자세를 취했는데,
허용되는 행동인가?

☞ 스트로크할 때까지 그 발을 이동시키지 않으면 일반 페널티를
받는다[규칙 10.2b(1)].

- 스트로크 전에는 플레이어와 캐디는 손이나 발 또는 그들
이 소지하고 있는 어떤 것으로도 퍼팅그린을 접촉하여 플
레이선을 가리킬 수 있다.

- 스트로크하는 동안에 캐디는 고의로 플레이 선상이나 그
선 가까이에 서 있으면 안 되며, 플레이 선의 한 지점을 가
리키는 행동을 해서는 안 된다.

플레이 선에 고인 물을 캐디가 수건으로
닦아서 제거했는데, 허용되는 행동인가?

☞ **일반 페널티 적용.**

- 플레이어는 서리나 이슬을 스스로 제거하여 스트로크에
  영향을 주는 상태를 개선해서는 안 된다[규칙 8.1a(5)].
- 볼이 퍼팅그린에 있을 경우에는 퍼팅그린 위 또는 밖에 있
  는 비정상적인 코스 상태가 플레이 선에 방해가 될 때는
  제거할 수는 없으나, 구제를 받을 수는 있다(규칙 16.1).

볼을 닦기 위해서 캐디에게 던졌는데
캐디가 볼을 놓쳐서 페널티구역에 빠졌다면
어떻게 처리해야 하나?

☞ 페널티 없이 다른 볼을 사용할 수 있다(규칙 14.2a 예외).

- 볼을 리플레이스할 때에는 반드시 원래의 볼을 사용해야
한다. 그러나 플레이어가 고의로 원래의 볼을 찾지 못하도
록 한 경우가 아닌 한, 수 초 동안의 합리적인 노력으로 원
래의 볼을 찾을 수 없는 경우에는 다른 볼로 교체가 가능
하다.

바람을 막기 위해서 캐디를 플레이 선에
나란히 서 있게 한 상태에서 퍼트한 경우
페널티를 받는가?

☞ 일반 페널티[규칙 10.2b(5)].

– 햇빛·비·바람이나 그 밖의 요소들로부터 보호를 받기 위
하여 캐디나 다른 사람을 고의로 세워두거나 어떤 물체를
고의로 놓아둔 상태에서 스트로크를 해서는 안 된다.
– 그러나 스트로크를 하기 전에는 허용된다.

우산을 쓰고 한 손만으로 퍼터를 잡고 퍼트하였는데, 허용되는 행동인가?

퍼팅그린
34

☞ 페널티는 없다[규칙 10.2b(5)].

- 플레이어가 스트로크를 하는 동안에 자신을 보호하기 위하여 스스로 하는 행동(예: 기능성 의류 착용, 직접 우산을 쓰는 행위 등)은 허용된다.

* 규칙 10.2b(5): 플레이어는 1) 자신의 캐디나 다른 사람으로부터 물리적인 도움을 받는 동안이나, 2) 햇빛, 비, 바람, 그 밖의 요소들로부터 보호를 받기 위하여 자신의 캐디나 다른 사람을 고의로 세워두거나 어떤 물체를 고의로 놓아둔 상태에서 스트로크를 해서는 안 된다.

퍼팅그린
35

왼손으로 깃대를 들고 오른손으로만
퍼트하였는데, 페널티는 없는가?

☞ 페널티는 없다[설명 13.2b(1)/1].

- 플레이어는 한 손으로 깃대를 든 채 다른 한 손으로 스트
로크를 할 수 있다. 그러나 플레이어가 스트로크를 하는
동안에 깃대를 몸을 의지하거나 지탱하는 목적으로는 사용
할 수 없다(규칙 4.3a 위반).

퍼팅을 하는 동안 캐디가
우산을 받쳐줄 수 있는가?

☞ 일반 페널티 적용[규칙 10.2b(5)].

- 플레이어가 스트로크를 하는 동안에 캐디나 다른 사람으로
  부터 물리적인 도움을 받을 수 없다. 그러나 플레이어가
  스탠스를 잡는 동안이나 스트로크를 하기 전까지는 캐디가
  우산을 받쳐줄 수 있다.

퍼팅그린을 테스트하기 위해 볼을 굴려볼 수 있는가?

☞ 일반 페널티 적용(규칙 13.1e).

- 라운드 중이나 라운드가 중단된 동안에 그린의 표면을 문질러보거나 볼을 굴려보며 퍼팅그린이나 잘못된 그린을 테스트해 볼 수 없다.

- 플레이어는 방금 끝난 홀의 퍼팅그린이나 연습그린에서 볼을 굴려볼 수 있다(규칙 13.1e 예외).

- 위원회는 플레이어가 방금 끝난 홀의 퍼팅그린에서 연습 스트로크를 하거나 볼을 굴려보는 것을 금지하는 로컬룰을 채택할 수 있다(모델 로컬룰 I-2).

퍼팅그린
38

볼에 묻은 진흙을 퍼팅그린의 잔디에
문질러서 닦은 후에 플레이했는데,
그린을 테스트하는 행동으로 간주되는가?

☞ **페널티는 없다**(설명 13.1e/1).

- 플레이어는 퍼팅그린이나 잘못된 그린을 테스트하기 위하여 그린의 표면을 문지르거나 그린에서 볼을 굴려볼 수는 없다.

- 그러나 볼에 묻은 진흙을 닦아 내기 위해 그 볼을 퍼팅그린 면에 문지를 수는 있다.

- 플레이가 퍼팅그린이 어느 정도 젖어 있는지 확인하기 위하여 자신의 플레이선상의 지면에 손바닥을 대는 행동은 그린을 테스트하려는 의도가 있을지라도 허용된다.

깃대를 제거하다 생긴 긁힌 자국은 수리할 수 있는가?

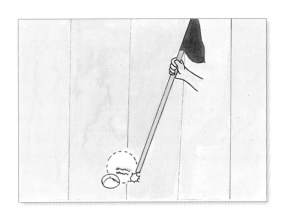

☞ 수리할 수 있다[규칙 13.1c(2)].

- 신발로 인한 스파이크 자국처럼 깃대에 긁히거나 찍힌 자국은 수리할 수 있다.
- 플레이어는 손, 발, 볼자국 수리기, 티나 클럽 등을 사용하여 그 손상을 수리할 수 있는 합리적인 행동을 할 수 있다.
- 다만 플레이를 부당하게 지연시켜서는 안 된다.

퍼팅그린 40

플레이 선에 있는 스파이크 자국을 수리할 수 있는가?

☞ **페널티는 없다[규칙 13.1c(2)].**

- 신발에 의한 손상(예: 스파이크 자국), 깃대에 의해 손상된 흠집이나 잔디 이음매, 지면에 박힌 돌이나 도토리 자국 등은 언제라도 수리할 수 있다.

퍼팅그린 41

플레이 선에 박혀 있는 도토리를 제거하고
그곳을 수리할 수 있는가?

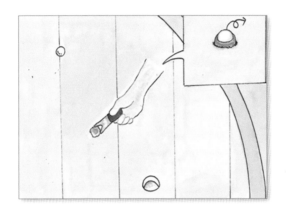

☞ 수리할 수 있다[규칙 13.1c(2)].

- 퍼팅그린의 지면에 박혀 있는 돌멩이나 도토리 때문에 생
긴 손상을 페널티 없이 원래 상태와 가능한 한 가장 가까
운 상태로 복구하기 위하여 그 손상을 수리할 수 있다.

손상된 홀은 언제든지
수리할 수 있는가?

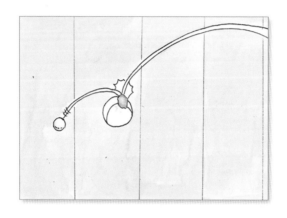

☞ **몇 가지 제한이 있지만 수리할 수는 있다[설명 13.1c(2)/1].**

- 손상된 홀은 퍼팅그린에 난 손상 중의 하나이다. 그러나 홀이 손상되었지만 플레이어가 그것을 수리할 수 없거나(예: 홀을 다시 둥근 형태로 만들 수 없는 경우) 홀의 원형이 훼손된 이유가 자연적 마모의 결과라서 플레이어에게 수리가 허용되지 않는 경우에는 위원회에 그 수리를 요청해야 한다.

퍼팅그린
43

퍼팅그린에 있는 모래나
흩어진 흙은 제거할 수 있는가?

☞제거할 수 있다[규칙 13.1c(1)].

- 퍼팅그린과 티잉구역을 제외한 코스에 있는 모래와 흩어진
  흙은 제거할 수 없다.
- 모래와 흩어진 흙은 루스임페디먼트가 아니다(용어의 정
  의: "루스임페디먼트").

44

플레이 선 위에 있는 나뭇잎을
모자를 활용하여 제거할 수 있는가?

☞ 페널티는 없다(규칙 15.1a).

- 코스 안팎 어디서나 어떤 방법으로든(손, 발, 클럽이나 그
  밖의 장비 사용) 루스임페디먼트를 제거할 수 있다.

- 루스임페디먼트를 제거하는 수단이나 방법에는 제한이 없
  다. 다만 루스임페디먼트를 제거하느라 플레이를 부당하게
  지연시켜서는 안 된다.

내리막 퍼트에 도움이 된다고 생각하여 일부러 홀 뒤에 있던 나뭇잎을 남겨 놓은 플레이어가 다른 플레이어에게 제거하지 말라고 요구했는데 제거했다면, 어떻게 처리해야 하나?

☞ 제거된 나뭇잎을 제자리에 다시 놓을 수 있다.

- 다른 플레이어의 이와 같은 행동은 매우 부당한 행동 (serious misconduct)에 해당할 수 있다.

- 플레이어가 루스임페디먼트나 움직일 수 있는 장해물을 다른 플레이어에게 그대로 두도록 요청했는데 플레이어를 불리하도록 하기 위해서 제거했다면 경기 실격까지도 가능할 수 있다(설명 1.2a/1).

퍼팅그린 위에 있는 볼의 플레이 선에 물 웅덩이가 방해가 되는데, 구제받을 수 있는가?

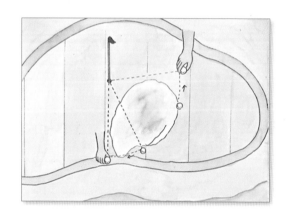

☞ **페널티 없는 구제를 받을 수 있다**(규칙 16.1d).

- 볼이 퍼팅그린에 있을 때는 퍼팅그린 안팎의 비정상적인 코스 상태가 플레이 선상에 걸리는 경우도 구제를 받을 수 있다.

- 가장 가까운 완전한 구제지점을 결정하고 그 지점에 원래의 볼이나 다른 볼을 플레이스한다(가장 가까운 완전한 구제지점이 일반구역인 경우에도 볼을 플레이스해야 한다).

퍼팅그린
47

볼이 퍼팅그린 밖에 있는데
일시적으로 고인 물이 플레이 선에
방해가 되는 경우, 구제받을 수 있는가?

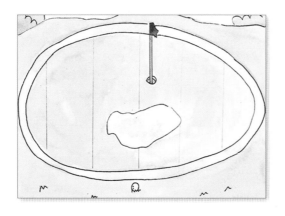

☞ **페널티 없는 구제를 받을 수 없다(규칙 16.1d).**

- 퍼팅그린에서 플레이 선의 방해 여부를 판정하는 기준은
볼이 퍼팅그린 위에 있어야 한다.
- 플레이어의 볼이 페널티구역에 있는 경우를 제외하고 비정
상적인 코스 상태에 접촉하고 있거나 그 안이나 위에 있는
경우 또는 의도하는 스탠스나 스윙구역에 물리적인 방해를
받는 경우에만 페널티 없이 구제를 받을 수 있다.

볼이 그린 위에 있는 스프링클러 헤드 위에
정지했는데 구제받을 수 있나?

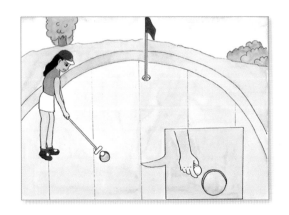

☞ **페널티 없는 구제가 가능하다(규칙 16.1d).**

　- 페널티 없이 가장 가까운 완전한 구제지점을 결정하고
　그 지점에 원래의 볼이나 다른 볼을 플레이스한다.

잘못된 그린이 방해가 될 때의 구제 방법은?

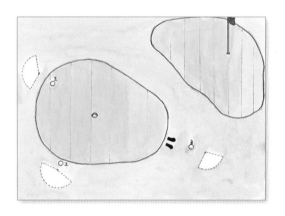

☞ 반드시 구제를 받아야 한다(페널티 없는 구제: 규칙 13.1f).

- 1)볼이 잘못된 그린 위에 있거나, 2)잘못된 그린이 의도하는 스윙구역이나, 3)의도하는 스탠스구역에 방해가 될 경우에 구제구역을 설정한 후에 원래의 볼이나 다른 볼을 드롭한 후 플레이한다.
- 원래의 볼이 정지한 코스의 구역과 동일한 구역에 있는 가장 가까운 완전한 구제지점을 정하고 구제구역을 설정하여 반드시 구제를 받아야 한다.

벙커 안에 있는 볼을 치기 위해
스탠스를 잡을 때 잘못된 그린이 방해가 될 경우
어떻게 처리해야 하나?

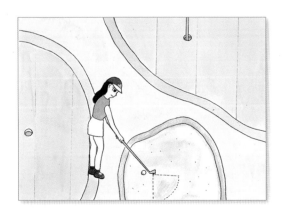

☞ 반드시 페널티 없이 구제를 받아야 한다[규칙 13.1f(2)].

- 기준점: 원래의 볼이 정지한 코스의 구역(위 상황에서 벙커)과 동일한 구역인 벙커 안에 있는 가장 가까운 완전한 구제지점

- 기준점에서 1클럽 길이의 구제구역을 벙커 안에 설정하여 볼을 드롭하고 플레이해야 한다.

퍼팅그린에서 스트로크한 두 볼이 충돌한 경우 어떻게 처리해야 하나?

☞ 두 플레이어 모두 페널티는 없다. 그 스트로크를 취소하고 반드시 다시 플레이한다.

  – 퍼팅그린에서 플레이한 볼이 우연히 퍼팅그린 위에 있는 다른 사람이나 동물 또는 움직일 수 있는 장해물(움직이고 있는 다른 볼이 포함됨)을 맞춘 경우에는 그 스트로크는 카운트되지 않으며 원래의 볼이나 다른 볼을 원래의 위치에서 반드시 리플레이스하여 다시 플레이해야 한다[규칙 11.1b(2)].

52

퍼팅그린

퍼팅그린에서 플레이한 볼과 퍼팅그린 밖에서 플레이한 볼이 충돌했는데 어떻게 처리해야 하나?

☞ 페널티는 없으며 퍼팅그린에서 플레이한 볼은 그 스트로크를 취소하고 다시 플레이해야 하며, 퍼팅그린 밖에서 플레이한 볼은 그 볼이 정지한 곳에서 플레이한다.

– 플레이어의 움직이고 있는 볼이 우연히 사람이나 외부의 영향을 맞힌 경우 어떤 플레이어에게도 페널티는 없으며, 그 볼은 반드시 놓인 그대로 플레이해야 한다. 다만 퍼팅 그린에서 플레이한 볼이 움직이고 있는 다른 볼 등을 맞힌 경우 그 스트로크는 타수에 포함되지 않으며, 반드시 원래 의 볼이나 다른 볼을 원래의 지점에 리플레이스해야 한다 (규칙 11.1b).

퍼팅그린에서 스트로크했는데
마크하지 않은 다른 플레이어의 볼을
맞췄다면 어떻게 처리해야 하나?

☞ 일반 페널티를 받고(규칙 11.1a 예외), 그 볼은 반드시 놓인 그
대로 플레이한다[규칙 11.1b(2)].

- 스트로크 플레이에서 퍼팅그린에서 플레이한 볼이 퍼팅그
린에 정지해 있는 다른 플레이어의 볼을 맞힌 경우에 그
플레이어는 일반 페널티를 받게 되며, 그 볼은 반드시 놓
인 그대로 플레이해야 한다.

- 다른 볼에 맞아서 움직인 그 볼은 페널티는 없으며, 반드
시 원래의 지점에 리플레이스해야 한다. 그 지점을 알 수
없는 경우에는 반드시 추정해야 한다.

퍼팅그린에서 플레이한 볼이
다른 플레이어의 발을 우연히 맞혔는데,
어떻게 처리해야 하나?

☞ 페널티는 없다. 다시 플레이한다[규칙 11.1b(2)].

- 퍼팅그린에서 플레이한 볼이 퍼팅그린에 있는 사람을 우연
히 맞힌 경우에는 그 스트로크는 타수에 포함되지 않으며,
원래의 볼이나 다른 볼을 원래의 지점에 리플레이스해야
한다.

- 그 스트로크를 다시 하지 않은 경우에 플레이어는 일반 페
널티를 받고 그 스트로크는 타수에 포함된다.

퍼팅그린에서 플레이한 볼이
퍼팅그린에 있는 송충이를 우연히 맞혔는데
다시 플레이해야 하나?

☞ **볼이 멈춘 지점에서 그대로 플레이한다[규칙 11.1b(2)].**

- 퍼팅그린에서 플레이한 플레이어의 움직이고 있는 볼이 루
  스임페디먼트로 규정된 동물(예: 송충이, 곤충 …)을 맞힌
  사실을 알고 있거나 사실상 확실한 경우에 그 볼은 반드시
  놓인 그대로 플레이해야 한다.
- 퍼팅그린에서 플레이한 볼이 플레이어 자신이나 그 스트로
  크를 할 때 사용한 클럽 등을 우연히 맞힌 경우에도 그 볼
  이 멈춘 곳에서 그대로 플레이해야 한다. 그러나 종이컵
  등 움직일 수 있는 장해물을 맞힌 경우에는 원래의 지점에
  서 다시 쳐야 한다.

파 3홀에서 티샷한 볼이 홀 가장자리에
걸쳐 있었는데 플레이어가 홀 근처에
도착하자마자 볼이 홀에 들어갔다면
홀인된 것인가?

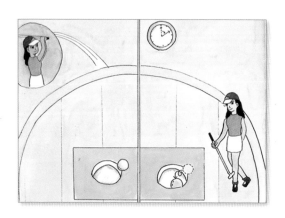

☞ **페널티는 없으며 홀인원이 된 것이다.**

- 볼의 일부가 홀 가장자리에 걸쳐 있다면 플레이어는 홀에
  도착한 후에 그 볼이 홀에 들어가는지 알아보는 데 10초가
  허용된다. 만일 10초 전에 볼이 홀에 들어간다면 그 볼은
  직전의 스트로크로 홀아웃한 것이 된다. 그러나 10초가 경
  과한 후에는 그 볼은 정지한 것으로 간주된다. 만일 그 후
  에 볼이 홀에 들어간다면 이전 스트로크로 홀아웃한 것이
  되며 플레이어는 1벌타를 받게 된다(규칙 13.3a).

퍼팅그린 57

홀에 걸쳐 있는 볼을 기다리는 시간(10초) 안에
다른 플레이어가 고의적으로 집어 올렸다면
어떻게 처리해야 하나?

☞ 매치 플레이(규칙 13.3b)

- 홀인된 것으로 간주된다.
- 상대방에게 페널티는 부과되지 않는다.

☞ 스트로크 플레이(규칙 13.3b)

- 그 볼을 집어 올리거나 움직인 플레이어는 2벌타를 받는다.
- 그 볼은 홀 가장자리에 반드시 리플레이스해야 한다.

퍼팅그린 58

홀 가까이에 멈춘 볼을 컨시드 받아
집어 올렸다면, 어떻게 처리해야 하나?

☞ 매치 플레이(규칙 9.5 및 3.2b)는 언제나 가능하고 스트로크 플
레이(규칙 9.4)는 1벌타를 받게 되며 반드시 리플레이스하여 홀
아웃해야 한다.

- 플레이어가 홀아웃하지 않고, 다른 홀(another hole)에서
  티샷을 하면 실격이 된다(규칙 3.3c).
- 그 홀이 그 라운드의 마지막 홀인 경우에는 스코어카드를
  제출하기 전에 그 잘못을 반드시 바로잡아야 한다.

퍼팅그린 59

퍼팅그린에서 스트로크한 볼이 다른 플레이어가
자신의 볼을 마크한 볼마커 위에 정지했다면
어떻게 처리해야 하나?

☞그 볼이 그 마커 위에 정지한 바로 아래 지점에 그 볼이나 다른
볼을 플레이스해야한다.

- 이 상황에서 다른 플레이어의 볼마커는 플레이어에게는 움
직일 수 있는 장해물이 된다.
- 볼이 퍼팅그린에 있는 움직일 수 있는 장해물의 안이나 위
에 있는 경우, 페널티 없는 구제를 받을 수 있다.
  1) 그 볼을 집어 올린 후 그 움직일 수 있는 장해물을 제
  거하고,
  2) 그 볼이 움직일 수 있는 장해물의 안이나 위에 정지한
  지점의 바로 아래로 추정되는 지점에 원래의 볼이나 다
  른 볼을 플레이스한다[규칙 15.2a(3)].

별첨

별첨 1

골프규칙의 역사에서
세계 최초의 기록

- 1744년 - 최초의 성문 골프규칙
  (스코틀랜드 리스 골프 클럽)
- 1899년 - 영국 최초의 통일 규칙
  (R&A 규칙 위원회)
- 1952년 - 세계 전역에 적용되는 하나의 골프규칙
  (R&A와 USGA의 공동 작품)

별첨 2

골프규칙의 대대적인 개정(5차)

- 1899년: 영국 내 클럽별 규칙을 통일(R&A)
- 1934년: 1899년 규칙의 대대적인 개정
- 1952년: 국가별 규칙을 통일(R&A와 USGA 주도)
- 1984년: 34개 조
- 2019년: 24개 조(2023년 25개 조)

별첨 3

변함 없는 숫자 3개

- 4.25인치(108mm)
  - 홀의 직경
- 14개
  - 휴대할 수 있는 클럽 개수의 한도
- 18홀
  - 한 라운드를 구성하는 홀의 수

별첨 4

스트로크 플레이에서 규정된 시간 안에
시정하지 않으면 실격이 되는 경우(5가지)

1. 홀아웃하지 않은 경우(규칙 3.3c)
2. 홀을 시작할 때, 티잉 구역 밖에서 플레이한 볼[규칙 6.1b(2)]
3. 잘못된 볼을 스트로크한 경우[규칙 6.3c(1)]
4. 잘못된 장소(중대한 위반)에서 플레이한 경우[규칙 14.7b(1)]
5. 잘못된 순서로 스트로크한 경우[규칙 22.3: 포섬·스리섬]

   (별첨 4, 5, 6의 출처: generalarea.org)

별첨 5

앞서 스트로크한 곳에서
다음 스트로크를 하는 경우(14가지)

규칙	상황	규칙	상황
4.2b	홀을 플레이하는 동안 볼이 조각난 경우	17.2b	페널티구역에서 플레이한 볼이 OB 또는 분실, 언플레이어블 상태가 된 경우
6.4a (2)	잘못된 순서의 스트로크를 상대방이 취소한 경우(상대방의 선택 사항)	18.1	스트로크와 거리의 페널티 구제
11.1b (2)	퍼팅 그린에서 플레이한 볼이 사람, 움직일 수 있는 장해물, 동물 등을 우연히 맞힌 경우	18.2b	볼이 분실되거나 아웃오브바운즈로 간 경우
11.2c (2)	퍼팅그린에서 스트로크한 볼을 고의적으로 방향을 바꾸거나 멈추게 한 경우	19.2a	일반구역이나 퍼팅그린에서 언플레이어블볼 구제(스트로크와 거리 구제)
13.2b (2)	깃대를 잡고 있는 사람이 고의로 그 볼의 방향을 바꾸거나 멈추게 한 경우	19.3a	벙커에서 언플레이어블볼에 대한 구제(스트로크와 거리 구제)
17.1d	페널티구역에 있는 볼에 대한 구제(스트로크와 거리 구제)	21.4b	스리볼 매치 플레이에서 순서를 지키지 않고 플레이한 경우(상대방의 취소 선택사항)
17.2a	페널티구역에서 플레이한 볼이 같은 구역이나 다른 페널티구역에 정지한 경우	22.3	스트로크 방식의 포섬에서 잘못된 순서로 플레이한 편이 그 잘못을 시정할 경우

별첨 6

1벌타가 부과되는 상황(31가지)

1.3c (4)	여러 번의 규칙 위반에 대한 페널티 적용	15.1a 예외1	볼을 리플레이스할 곳의 루스 임페디먼트 제거
4.2c (1)	볼의 손상을 확인하기 위하여 집어 올리기(절차)	15.1b	루스 임페디먼트 제거 시 볼 움직임
5.6a	플레이의 부당한 지연(첫 번째 위반)	15.3b (2)	플레이에 방해되는 볼(절차)
6.3b (3)	잘못 교체한 볼을 스트로크	15.3b (2)	플레이에 방해되는 볼(요구되지 않을 때 볼 집어 올리기)
7.3	볼 확인을 위하여 집어 올리기(절차)	16.1c (2)	벙커 안에 있는 볼의 벙커 밖에 구제
9.4b	볼을 집어 올리기, 접촉, 움직이기(플레이어)	16.4	합리적인 믿음이 없을 때 구제 허용여부를 확인하기 위해 볼 집어 올리기
9.5b	볼을 집어 올리기, 접촉, 움직이기(상대방)	16.4	구제 허용 여부를 확인하기 위해 볼 집어 올리기(절차)
9.7b	집어 올리거나 움직인 볼마커	17.1d	PA에 있는 볼의 PA 밖에 구제
13.3a	홀에 걸쳐 있는 볼(기다릴 수 있는 시간이 경과 후)	17.2a	PA에서 플레이한 볼이 같은 또는 다른 PA에 정지했을 때
14.1a	집어 올리거나 리플레이스할 볼을 마크하기(절차)	17.2a (1)	PA에 드롭한 후에 PA 밖에 다시 구제
14.1b	허락없이 캐디가 볼을 집어 올리기	17.2b	PA에서 플레이한 볼이 PA 밖에서 분실/OB/언플레이어블
14.1c	허용되지 않을 때 집어 올린 볼 닦기	17.2b	PA에 드롭한 후에 PA 밖에 다시 구제
14.2b (1)	허용되지 않은 사람이 볼 리플레이스	18.1	허용된 시간 후에 스트로크와 거리의 벌
14.2b (2)	잘못된 방법으로 볼 리플레이스	18.2b	분실되거나 OB
14.3b (3)	잘못된 방법으로 볼 드롭 (구제구역에서 플레이)	19.2	일반구역이나 퍼팅그린에서 언플레이어블볼
		19.3a	벙커 안에서 언플레이어블볼

플레이어와 관련된 용어의 정의
(74개 '용어의 정의' 중 7개)

용 어	정 의
상대방	매치 플레이에서 플레이어와 경쟁하는 사람(매치 플레이에만 적용되는 용어)
파트너	다른 플레이어와 한 편을 이루어 함께 경쟁하는 플레이어
편	하나의 단위로서 경쟁하는 두 명 이상의 파트너들(팀과는 다른 개념)
마커	스트로크 플레이에서 플레이어의 스코어 카드를 확인하고 서명할 책임이 있는 사람
캐디	플레이어의 클럽을 운반·이동·취급하는 사람이며, 플레이어에게 어드바이스를 하여 돕는 사람
외부의 영향	플레이어와 상대방 및 그들의 캐디를 제외한 모든 사람과 모든 동물, 모든 자연물이나 인공물 또는 자연의 힘을 제외한 그 밖의 모든 것(움직이고 있는 다른 볼 포함), 인위적으로 작동되는 공기와 물(예: 선풍기 또는 급수 시스템)
오너	첫 번째로 플레이할 수 있는 권리로 티잉구역에서만 적용됨

코스의 구성과 관련된 용어의 정의(12개)

용 어	정 의
코스	위원회가 정한 경계 안의 플레이구역 전체
코스의 구역	코스를 이루는 5가지 구역(티잉구역, 페널티구역, 벙커, 퍼팅그린, 일반구역)
티잉구역	홀 플레이를 시작할 때 반드시 플레이해야 하는 구역(다른 모든 티잉 장소는 일반구역에 속함)
일반구역	4가지 특수구역(티잉구역, 페널티구역, 벙커, 퍼팅그린)을 제외한 모든 구역
페널티구역	코스상의 모든 수역으로 2가지 유형(노란·빨간)이 있음(경계는 지면의 위와 아래로 연장됨)
벙커	모래로 특별하게 조성된 구역
퍼팅그린	플레이 중인 홀에서 퍼팅을 하도록 특별히 조성된 구역
잘못된 그린	플레이 중인 홀의 퍼팅그린을 제외한 코스상의 모든 퍼팅그린(잘못된 그린은 일반구역의 일부임)
플레이 금지구역	위원회가 플레이를 금지시킨 코스의 일부
홀	플레이 중인 퍼팅그린에서 그 홀의 플레이를 끝내는 지점(홀의 직경: 4.25인치, 홀의 깊이: 4인치 이상)
깃대	홀의 위치를 볼 수 있도록 홀에 꽂아 두는 긴 막대로 움직일 수 있는 장해물
아웃오브바운즈	위원회가 정한 코스의 경계 밖 모든 구역(경계는 지면의 위와 아래로 연장됨) - 경계를 표시하는 말뚝이나 선은 OB에 있는 것임

별첨 7-3

코스 위에 있는 사물이나 상태와 관련된
용어의 정의(11개)

용 어	정 의
루스임페디먼트	어딘가에 붙어 있지 않은 모든 자연물(예외: 모래, 흩어진 흙, 이슬, 서리, 물)
장해물	코스와 분리할 수 없는 물체와 코스의 경계물을 제외한 모든 인공물
움직일 수 있는 장해물	합리적인 노력으로, 그 장해물이나 코스를 훼손시키지 않고 움직일 수 있는 장해물
움직일 수 없는 장해물	움직일 수 있는 장해물에 해당되지 않는 장해물
코스와 분리할 수 없는 물체	페널티 없는 구제가 허용되지 않는 코스의 일부로 위원회가 규정한 인공물
코스의 경계물	페널티 없는 구제가 허용되지 않는 아웃오브바운즈임을 규정한 인공물
비정상적인 코스 상태	동물이 판 구멍, 수리지, 움직일 수 없는 장해물, 일시적으로 고인 물로 규정된 4가지 상태
동물	사람을 제외한 동물계에 살아 있는 모든 개체
동물이 판 구멍	동물이 지면에 판 모든 구멍(벌레나 곤충이 판 구멍 제외)
수리지	위원회가 코스에서 수리지로 규정한 모든 부분 - 경계는 말뚝이나 선, 지형으로 표시함
일시적으로 고인 물	지표면에 일시적으로 고인 모든 물(페널티구역에 있는 물 제외)

별첨 7-4

플레이 방식과 관련된 용어의 정의(10개)

용 어	정 의
매치 플레이	플레이어나 편이 상대방이나 다른 편과 직접적으로 경쟁하는 플레이 방식
스리볼	세 명의 플레이어가 각각 다른 두 명의 플레이어를 상대로 한 별개의 매치를 동시에 플레이하는 매치 플레이
스트로크 플레이	플레이어나 편이 그 경기에 참가한 다른 모든 플레이어나 편들과 경쟁하는 플레이 방식
포볼	각자 자신의 볼을 플레이하는 두 명의 파트너로 이루어진 편들이 경쟁하는 플레이 방식 - 매치 플레이와 스트로크 플레이 모두 가능함
포섬	한편을 이룬 두 명의 파트너가 각 홀에서 하나의 볼을 번갈아 플레이하며 다른 편과 경쟁하는 플레이 방식 - 매치 플레이와 스트로크 플레이 모두 가능함
맥시멈스코어	플레이어나 편의 홀 스코어를 위원회가 최대 타수로 한정하는 스트로크 플레이 방식
스테이블포드	홀 스코어를 위원회가 정해 놓은 목표 스코어와 비교하여 점수를 획득하는 스트로크 플레이 방식
파·보기	매치 플레이와 같은 스코어 산정방법을 사용하는 스트로크 플레이 방식
스코어카드	스트로크 플레이에서 플레이어의 각 홀의 스코어를 기록하는 양식
일반 페널티	매치 플레이에서 홀 패, 스트로크 플레이에서 2벌타

별첨 7-5

코스 상태의 개선과 관련된 용어의 정의(5개)

용 어	정 의
개선	스트로크를 위한 잠재적인 이익을 얻기 위하여 스트로크에 영향을 미치는 상태 또는 플레이에 영향을 미치는 그 밖의 물리적인 상태를 변경하는 것
스트로크에 영향을 미치는 상태	플레이어의 정지한 볼의 라이, 의도된 스탠스 구역, 의도된 스윙구역, 플레이 선, 플레이어가 볼을 드롭하거나 플레이 스할 구제구역
라이	볼이 정지한 지점과 바로 옆에 자라거나 붙어 있는 모든 자연물, 움직일 수 없는 장해물 등을 아우르는 지점
스탠스	스트로크를 준비하고 실행하려고 자세를 잡는 몸과 발의 위치
플레이 선	스트로크를 하여 볼을 보내고자 하는 선을 말하며, 반드시 두 지점 사이의 직선이어야 하는 것은 아님

별첨 7-6

구제 상황과 관련된 용어의 정의(11개)

용 어	정 의
구제구역	구제를 받을 때 반드시 볼을 드롭해야 하는 구역 - 기준점, 구제구역의 크기, 구제구역의 위치 제한 등 3가지 요건을 충족해야 함 - 후방선 구제시 구제구역은 드롭된 볼이 떨어진 지점으로부터 한 클럽 길이 이내의 구역으로 결정됨
드롭	볼을 인플레이하려는 의도를 가지고 그 볼을 손에 들고 공중에서 떨어뜨리는 것
리플레이스	볼을 인플레이하려는 의도를 가지고 그 볼을 내려 놓아 플레이스하는 것
마크	볼이 정지한 지점을 나타내기 위하여 볼마커나 클럽 등을 볼 옆에 두거나 대는 것
박힌 볼	직전의 스트로크로 인하여 그 볼 자체의 피치마크 안에 들어간 채 그 볼의 일부가 지면 아래 있는 상황
스트로크와 거리	직전의 스트로크를 한 곳에서 볼을 플레이함으로써 규칙 17, 18, 19에 따라 구제를 받는 경우의 절차와 페널티
가장 가까운 완전한 구제지점	페널티 없는 구제를 받을 때의 기준점 - 기준점을 추정할 때, 하려는 스트로크를 위한 클럽, 스탠스, 스윙, 플레이 선을 사용해야 함
최대한의 구제지점	가장 가까운 완전한 구제 지점이 없는 경우에 패널티 없는 구제를 받기 위한 기준점
클럽 길이	라운드 동안 가지고 있는 클럽 중 퍼터를 제외한 가장 긴 클럽의 길이 - 티잉구역과 구제구역의 크기를 결정하는 데 사용됨
잘못된 장소	규칙에서 플레이어가 자신의 볼을 플레이할 것을 요구하거나 허용되는 장소를 제외한 코스상의 모든 장소 - 스트로크 플레이에서 중대한 위반이면 반드시 시정해야 함
중대한 위반	스트로크 플레이에서 잘못된 장소에서 플레이함으로써 상당히 큰 이익을 얻을 수 있는 위반 - 반드시 다른 홀을 시작하는 스트로크 전이나 스코어카드 제출 전에 시정해야 함

볼과 관련된 용어의 정의(11개)

용 어	정 의
인플레이	홀 플레이에 사용되고 있는 볼이 코스에 놓여 있는 상태
교체	다른 볼을 인플레이볼이 되게 함으로써 홀 플레이에 사용하고 있는 볼을 바꾸는 것
분실	플레이어나 플레이어의 캐디가 볼을 찾기 시작한 후 3분 안에 그 볼이 발견되지 않은 상태
스트로크	볼을 치기 위하여 그 볼을 보내고자 하는 방향으로 클럽을 움직이는 동작
알고 있거나 사실상 확실한	볼이 어떻게 되었는지(예: 그 볼이 페널티구역에 정지했는지 여부, 그 볼을 움직였거나 움직이게 한 원인)를 판단하는 기준
어드바이스	클럽 선택, 스트로크하는 방법, 플레이하는 방법에 영향을 미칠 의도로 하는 말이나 행동
움직이다	정지한 볼이 상하, 좌우, 전후로 이동하는 것
잘못된 볼	인플레이볼을 제외한 모든 볼
프로비저널볼	방금 플레이한 볼이 OB되거나, 분실되었을 수도 있는 경우에 플레이한 볼
홀에 들어가다	스트로크 후 볼이 홀 안에 정지하고 그 볼 전체가 퍼팅그린의 표면 아래에 있는 상태
자연의 힘	바람, 물, 중력 같은 자연의 영향

별첨 7-8

장비와 관련된 용어의 정의(4개)

용 어	정 의
장비	플레이어나 플레이어의 캐디가 사용·착용·휴대·운반 하는 모든 것
장비규칙	클럽이나 볼, 그 밖의 장비에 관한 규칙과 기타 규정에 관한 규칙 -95페이지의 별도 책자, 2020년 1월 개정됨
볼마커	집어 올릴 볼의 지점을 마크하기 위하여 사용하는 인공물
티	티잉구역에서 볼을 플레이하기 위하여 그 볼을 지면 위에 올려놓는 데 사용하는 물체

별첨 7-9

위원회와 관련된 용어의 정의(3개)

용 어	정 의
레프리	위원회로부터 사실상의 문제를 결정하고 규칙을 적용할 권한을 위임 받은 사람
위원회	경기를 주관하고 코스를 관장하는 개인이나 단체
라운드	위원회가 정한 순서대로 18홀(또는 그 이하)을 플레이하는 것